KB192625

불완전한
삶에 관한,
조금은＿＿＿＿＿＿다른 이야기

다 이룰 수 없는 어른의 인생을 위한
수용전념 심리학

불완전한
삶에 관한,
조금은_____다른 이야기

_____이두형 지음

갈매나무

취업 시험과 면접을 보고 와서는 온 마음을 다했으니 합격하기를 바란다는 분들께 이런 말을 조심스럽게 꺼내곤 한다. "저도 합격을 진심으로 기원합니다. 그런데 '수백 대 일'의 경쟁률이니 어찌 보면 탈락하는 편이 자연스러운 일 아닐까요?"

결국은 잘될 거야, 진심으로 바라면 이루어질 거야, 라는 흔한 말들은 과연 어디까지 진실일까? 나 역시 그 말이 사실이라면 정말 좋겠다. 그렇다면 내가 진료실에서 만나는 사람들의 고통도 간단하게 줄어들 테니. 하지만 달콤하게 들리는 그 말은 삶의 진리와 동떨어진 거짓 위로다. 달콤한 아이스크림이 건강에 좋지 않은 것처럼. 불확실성으로 가득 찬 세상

속에서 버티는 데 작은 도움이 되기도 하지만, 많이 기댈 때에는 결국 더 큰 상처로 돌아온다. 대신 쓰더라도 그저 받아들여야 한다. 누구의 삶도 완벽할 수 없으며, 좌절은 종말이 아니라 일상이라는 사실을.

설령 시간을 돌릴 수 있대도, 큰 트라우마를 얻은 지금의 삶을 선택하겠다는 말을 최근 진료실에서 들었다. 좀처럼 들을 수 없는 말이기에 잠시 내 귀를 의심했지만, 그의 생각은 명료했다. 어쩔 수 없이 생겨버린 상처이지만, 그 위에 열심히 덧대며 만들어온 자기 모습이 좋다고. 과거의 상처가 있었기에만 가능한 지금의 모습이라고.

'과거를 수용하고 현재에 전념하는 삶은 결과에 상관없이 눈부시고 아름답구나' 싶던 그때의 깨달음을 이 책에서 다시 느꼈다. 내 진료실을 찾는 모두가 자신 삶에서 그 아름다움을 발견할 수 있기를 꿈꾼다. 과거의 상처를 잊고자 그리고 미래에 올지도 모를 상처를 피하고자 마냥 애써왔지만, 여전히 괴로운 그들에게 이 책의 내용을 권하려 한다. 마지막 장을 덮은 후에도 삶의 고통은 남아 있겠지만, 괴로움은 여실히 줄어들 테니.

김지용, 정신건강의학과 전문의,
〈뇌부자들〉 유튜버, 《어쩌다 정신과 의사》《빈틈의 위로》 저자

인생이 답 없이 느껴지는 순간이 있다. 소중한 사람과의 이별에서, 노력이 좌절되는 실패의 순간에서, 마치 내가 오답처럼 느껴질 때가 있다. 그렇다. 이 책의 제목처럼 우리 삶은 필연적으로 불완전하다. 그럼에도 저자는 괜찮다고 말한다. 완전해야만 괜찮은 것이 아니라, 불완전한 당신도 괜찮다고. 세상에 제멋대로 내던져진 당신 잘못이 아니라고, 그 속에서 삶을 찾기 위해 고군분투한 당신 삶 자체가 의미라고.

만약 당신이 스스로의 인생에 의문을 품고 있다면 이 책을 꼭 읽어보길 권한다. 당신의 삶이 오답이라고 느껴질 때 자신만의 정답을 발견할 수 있을 것이다.

최설민, 〈놀면서 배우는 심리학〉 유튜버, 《양수인간》 저자

들어가며

인생이 끝도 없는 터널처럼
느껴진다면

수험생 때는 괜찮은 대학에 들어가면, 학생 때는 취업을 하고 돈을 벌면, 외로울 땐 사랑하는 사람을 만나고 결혼을 하면, 일이 힘들 때는 빚을 갚고 노후가 준비되어 은퇴가 가능해지면… 기억이 남아 있는 모든 과거부터 나는 일상이 고될 때면 이 지루한 고통이 언제쯤 끝날까를 고대했다.

'괜찮아질' 생의 체크포인트를 설정하고 그 순간이 올 때까지 버티는 것. 유일하게 알고 있는 살아가는 공식이었다. 그러나 그러한 기대가 원하는 대로 이루어지기도 어렵지만, 요행히 단편적인 성취가 이루어졌다고 해도 기대했던 안식과 행복이 주어진 것은 아니었다.

여전히 빚을 갚을 수는 있을까, 노후 준비에 문제는 없을까, 급변하는 세태와 인구절벽 앞에서 이 사회가 유지될 수 있을까, 우리 아이들이 어른으로 잘 자라 행복하게 살아갈 수 있을까… 끝없이 변주되는 불안과 만난다. 두려움에 쫓기듯 바쁜 일상을 이어가다 문득, 잊을 만하면 떠오르는 지난 상처에 곧잘 울적해지기도 한다.

안정과 행복을 갈구하는 마음으로 정신건강의학도의 길을 택했다. 그러나 그 길은 평온으로 향하는 꽃길이 아니었다. 오히려 삶이 얼마나 한 개인에게 가혹할 수 있는지를 끊임없이 목격하는 과정이었다.

우리의 인생 곳곳에는 불행의 암초가 도사리고 있다. 택할 수 없는 가정환경이 불우할 수 있고, 아무 잘못 없이 학대와 따돌림의 피해자가 될 수도 있으며, 선천적 질병이 있거나 급작스레 건강이 나빠지기도 한다. 사업이나 투자의 실패로 파산 위기에 내몰리기도 하고, 오랜 인연으로부터 배신을 당하기도 한다.

그래서 생에 대한 무비판적인 찬양, 긍정, 낙관을 좋아하지 않는다. '희망을 잃지 않으면 결국 좋은 일이 온다'라는 식의 행복론은 나를 찾는 이들을 괴롭히는 주된 레퍼토리다. 뻔히 예측되고 존재하는 삶의 고됨과 아픔을 애써 눈감고 무시

할수록 고통이 더해진다. '열심히만 하면 모든 일이 잘된다'는 관점이 보편적으로 적용될 수 있는 것일까. 오히려 실재하는 삶의 무게를 견디며 살아가는 이들에게 그 자신의 문제로 삶이 잘못되었다고 느끼게 해 상처를 한 번 더 안기는 것은 아닐까.

우리가 불완전하다는 것, 삶은 예측대로만 이루어질 수 없다는 것은 누구에게나 통용되는 사실이다. 고통과 두려움이 산발하는 와중에 우리는 그 문제들을 회피하려 하거나, 그에 압도되거나, 해결하지 못한 채 어영부영 묻어둔다. 온종일 뒤엉켜 씨름하지만, 끝나지 않는 두더지잡기처럼 예상치 못한 문제가 늘 새로이 발생한다. 기대하는 온전한 안식은 요원하기만 하다.

그렇다. 우리는 삶을 통제할 수 없다. 마치 살얼음판 혹은 지뢰밭을 조심조심 걸어가듯, 여차하면 잘못될 것 같은 두려움을 가득 안고 삶을 이어가다 보면 근원적인 의문이 찾아온다. 애초에 태어나기를 원한 적도 없었는데 고통과 투쟁하거나 이로 인해 좌절하는 것이 삶이라면 그만두는 것이 낫지 않을까, 힘든 마음에서라도 벗어나는 것이 현명하지 않을까 하는 의문이다.

'나는 행복한 사람이다'라고 느끼는 이는 그리 많지 않겠지만, 누구에게나 '그때는 참 행복했다' 싶은 찰나는 있을 것이다.

내게도 그런 기억이 있다. 나는 어리고 부모가 좀 더 젊고 건강했던 날. 고향에는, 지금은 개발되어 재미없는 고층건물 천지가 되어버렸지만 당시엔 소나무와 모래, 파도만이 가득했던 바닷가가 있다. 해변에 설치한 불법 가건물에서 커피며 볶음밥 따위를 팔아도 누구도 민원을 넣지 않던 시절이다. 포장마차 같은 천막 안에 폐자재와 장작 따위가 타오르는 난로가 있고, 그 안에서는 감자며 고구마가 알루미늄 포일에 감싸인 채로 익어간다. 나이와 취향에 따라 각자 종이컵에 담긴 율무차나 믹스커피를 마신다. 타오르는 불이 고스란히 전하는 온기 속에서 껍질 벗긴 감자를 베어 물고 함께 입이 시커메지는 장면. 행복이라 할 만한 느낌이 도란도란 피어나는 순간이다.

그 소중한 기억을 품고 있는 그때 우리 집에는 빚의 그림자가 드리워져 있었다. 부모의 직장 상황상 이사를 해야 했는데, 가족에게 단독으로 허락된 화장실조차 없던 단칸방의 집주인은 "그동안 없던 보일러도 넣어주었는데 배은망덕하다"라는 이유로 보증금을 빼주는 대신 욕을 하고 삿대질을 했다.

당시에는 급식이 무료가 아니었는데, 급식비를 알리는 가정 통신문을 집에 가져가며 망설였던 기억이 있다. 돈이 아니면 굳이 싸울 일 없는 사랑하는 이들이 끊임없이 다투던 기억도 난다. 대학생 때였던가, 드디어 우리 집에 빚이 없어졌다고 기뻐했던 기억도 있다.

누군가는 태어날 때부터 당연하게 누리거나 심지어 부족하다고 느끼는 상황이 누군가에게는 더없는 행복이 된다. 기쁨과 슬픔은 늘 병존했다. 행복이라 할 만한 순간이 존재하기 위해 불안과 고통이 한 점 티끌도 남김없이 해결되어야 하는 것은 아니었다. 그것들은 넝쿨처럼 뒤엉켜 있다. 명확히 경계 지을 수 없는 희로애락의 혼란이 이어지는 것이 삶이다.

아픔을, 문제가 아닌 아픔 그대로 이해하고 안아줄 수 있다면

나와 내 삶의 문제가 무엇인지를 분석하고, 슬퍼하고, 어떻게 든 해결하려고 하지만 풀리지 않는 답답함 앞에 좌절하는 대신 그것이 삶의 일부임을, 그 아픔이 존재한다는 사실 자체가 너무도 '그럴 만함'을 스스로 위로해주는 것은 어떨까.

굳이 괜찮은 것, 좋은 것으로 삶의 고통을 애써 포장하거 나 미화해야 한다는 의미가 아니다. 단지 슬픔을 슬픔 그대로 이해하고 바라봐줄 때 비로소 불완전한 삶의 의미 있고 소중한 순간과 접촉하는 기쁨도 느낄 수 있다는 것. 평생을 살아오며 겨우 이해한, 우리에게 허락된 유일한 행복의 원리다. 삶에 어찌할 수 없는 아픔도 존재한다는 것을 '수용'하는 것, 그럼에도 각자에게 허락된 소중한 순간과 그 의미를 온전히 만나고 '전념'하는 것, '수용, 그리고 전념'이다.

책을 쓰고 강연을 할 때 "수용전념이 제 삶을 완전히 바꿨어요"라는 이야기를 종종 한다. 기실 일상이 구성되는 형태나 버거움의 정도가 그리 달라진 것은 아니다. 여전히 나는 일하고 먹고 자며, 사랑한다. 다만 그러한 일상을 바라보는 인식과 삶에 대한 이해에서 근본적인 차이가 생겼다.

수용전념을 접하기 이전의 삶은 내가 어떻게 비참해질 수 있는지, 어떻게 사랑을 잃을 수 있고 공허해질 수 있는지, 빈곤해질 수 있는지를 미리 두려워하고 그런 상태를 대비하거나 피하려는 투쟁의 연속이었다. 사랑하는 사람을 앞에 두고 당면한 시험 걱정에 몰두했고, 모처럼 떠난 휴가에서도 해결되지 않는 직장 내 갈등을 걱정했다. 정신건강의학을 택한 것도 어쩌면 그러한 시도의 정점, 마음을 샅샅이 해부해 모든 심적인 고통을 내려놓고 싶다는 바람에서였을지도 모른다.

그런 갈등이 종결되어야 비로소 평안과 행복으로 향하는 걸음을 시작할 수 있을 것이라 굳게 믿었다. 그러나 걱정거리에 몰두하느라 나는 기쁨과 감사를 잊었으며, 오히려 소중한 이들에게서 멀어졌다. 두려움으로 인해 가치 있는 일을 시도할 기회를 잃었다. 불행에 민감해지고 그것에서 벗어나려 노력할수록 더욱 깊은 수렁으로 빠져드는 악순환이었다.

이제 나는 나의 슬픔을 새로이 이해한다. 우울은, 비록 잘되진 않았지만 그만큼 무언가를 진심으로 바랐거나 혹은 바라고 있다는 증거다. 불안은, 가치 있는 무언가를 추구하는 과정의 불확실성을 오롯이 감내하고 있다는 의미다.

이를 온전히 받아들이면, 불쾌한 느낌의 원인을 분석하고 그것에서 벗어나기 위해 투쟁하는 데 시간과 노력을 들이는 대신 어떤 가치와 의미 속에 있는지를 자각하며 살아갈 수 있다. 하루를 시작하며 어떻게 의미 있고 가치 있는 순간을 채워갈지 떠올리게 된다. 한 번뿐인 삶에서 꼭 느끼고 싶은 것, 추구하고 싶은 것에 대한 자각과 전념이 이어진다. 불편하고 힘든 느낌과 생각 역시 그러한 삶에 수반되는, 기꺼이 수용할 수 있는 삶의 일부에 지나지 않는다.

그러면 되었다. 모든 일이 생각대로 되지 않아도, 살아가며 만나는 모든 이에게 사랑받을 수 없어도, 죽을 때까지 돈 걱정은 없을 만큼의 부가 없어도 괜찮다. 관계의 갈등과 빈곤에 대한 두려움, 근원적인 삶의 허무가 온전히 소멸하는 일은 없을 테지만, 괜찮다.

그럼에도 일상에서 만나게 되는 반가운 얼굴들, 아이의 손가락이 주는 감촉, 모처럼 떠나 만난 이국적인 풍경 앞에서의 상쾌함, 지친 하루 끝에 고생 많았다 다독여주는 사랑하는 사람의 위로 같은 것들이 존재하기 때문이다. 그런 작은 의미와 가치를 찾을 수 있는 나날이 이어진다면 괜찮다. 어제가 그랬듯 오늘도 내일도 그 하루를 그저 이어갈 수 있다면 괜찮다. 살아볼 만하다.

존재하지 않는 정상 상태로 돌아가려 애쓰는 대신

"제가 경계선 인격장애일까요?"

환자에게 자주 듣는 이야기다. 아마도 방송, 책, 유튜브 등에서 해당 진단과 관련된 단편적 지식이 많이 알려져서이지 않을까 한다. 진단기준인 대인관계의 불안정성, 감정조절의 어려움, 만성적인 공허함 등이 상당히 보편적이고 흔한 고충이어서 그럴지도 모르겠다. 당연하고 또 안타깝게도 긍정적인 의미로 쓰이지는 않는다. '나는 대인관계가 불안정하고, 감정 기복이 심하며, 어릴 적부터 남모를 상처를 가지고 있다'는 의미를 포괄적으로 표현하기도 하고, 혹은 '다른 치료자로부터 그러한 진단을 받았다'라는 의미를 전달하기도 한다. 그는 포털사이트와 유튜브에 단편적인 진단과 관련한 검색을 하고, 우주와도 같은 자신의 삶과 심리 중 일부의 맥락을 그에 끼워 맞추며, 그 설명이 얼마나 소름 돋게 자신과 비슷한지에 빠져들었을 것이다.

고통스러울수록 우리는 그 고통에 대한 설명을 원한다. 원인을 제대로 분석하고 파악하면 해결책을 찾을 수 있다는 오해도 흔하다. 자살률이 높다, 치유가 어렵다는 부정적인 예후에 대한 정보도 흔하다. 나의 상태를 심리학적으로 어떻게 표현하는지 알겠고, 그 기준이 무엇인지도 알겠는데, 그래서 어떻게 하라는 것인가. 그러한 심적인 고통의 원인은 대부분 과거에 존재하는데 말이다. 생각은 끊임없이 어떻게 내가 문제인지를 분석하고 파고들며, 그럼에도 답을 찾을 수 없어 답답해하며 맴돈다.

결정론적인 이야기이자 언어의 함정이다. 우주와도 같은 우리를 한정된 언어적인 관념을 빌려 설명하려니 함정에 빠진다. '경계선 인격장애'라는 진단기준을 충족한다고 해도, 어릴 적 언어적·신체적 학대에 노출된 아픔을 안고 갓 성인이 된 20대 환자와 평생 과도한 기대와 억압, 착취적인 관계 양상을 견뎌온 50대 환자는 같을 수 없다. 유사한 일부 양상이 있다고 하여 같은 삶은 아니다. 우리는 늘 설명을 원하지만 어떠한 진단기준, 설명, 심리적 역동도 모든 삶의 맥락을 포괄할 수는 없다. 질적으로 그러한 시도가 잘못되었다는 것이 아니라, 양적으로 불가능하다.

이전의 내게 정신과 의사의 일이란 환자를 면밀히 평가하여 진단하고, 진단에 따라 약을 쓰거나 면담을 하여 그 증상을 소실시키는 과정의 연속이었다. 환자가 확실히 진단기준에 부합하면 교과서에 기록된 반응이 나와야 한다고도 생각했다. 안타깝게도 증상 호전을 보이지 않는 환자는 진단이 틀렸거나, 약물 반응이 일어나지 않는 소수 확률에 속하는 환자, 혹은 기질적·성격적 특성으로 인하여 치료 순응도가 좋지 못한 환자로 인식했다.

'치료한다' '정상적으로 회복시킨다'는 것은 진단기준에 부합하지 않게 증상을 소실시킨다는 의미가 컸다. 그가 어떤 삶을 살고 있는지, 어떤 고뇌를 하는지보다 진단기준에 해당하는 경과가 어떤 것이 있는지에 더욱 몰입했었다. 증상이 잔존하더라도 행복하게 살아갈 수 있는 삶을 부정했으며, 함부로 성숙과 미성숙을 나누고 미성숙하다 분류되는 환자들의 말과 행동을 문제시하기도 했다.

그런 내가 수용전념을 처음 접하고 들었던 감정은 심한 반감이었다. '힘든 걸 찾아내 치료해주고 제거하는 게 의사의 역할이지, 수용하라는 건 무슨 소리일까?' '당장 힘들어하는 환자들에게 이런 메시지가 와닿을까? 오히려 그들의 고통을 아무것도 아닌 것처럼 이야기한다고 느끼진 않을까?'

그러나 공부를 이어가면서 오히려 수용전념이야말로 진정으로 환자의 아픔에 교감하고 공감하는 관점임을 알게 되었다. 그의 아픔이 어떻게 비정상적이고 병리적인 개념에 해당하는지만 보는 것이 아니라, 그것이 어떤 과정으로 형성되었고 어떠한 맥락으로 이해될 수 있는지를 안아주는 과정이었다. 그리고 '그 비정상적인 것을 고치는 방법, 원인을 해결하는 방법'을 고민하는 대신, 지금 이 순간의 맥락에서 '그런 내가 어찌할 수 있는 것, 그런 내가 바라는 삶의 방향'을 찾아가는 과정이었다.

그렇기에 더 이상 '어찌할 수 없는 환자'는 존재하지 않는다. 어떤 절박한 상황이라도, 어떠한 극심한 병리적 상태에 있다 하더라도 그 상태 그대로의, 그 순간 그대로의 그가 추구할 수 있는 것, 나아갈 수 있는 방향, 개선하기를 원하는 바가 존재한다. 나는 그저 함께 그 여정을 나아갈 뿐이다. 잘될 때도 있고, 잘되지 않을 때도 있다. 잘되는 것은 더 강화하고, 잘되지 않았던 것은 복기하고 수정한다. 우리는 언제나 어느 때나 좀 더 나은 나, 좀 더 나은 삶을 추구할 수 있다. 진단과 치료는 그 과정에서 활용할 수 있는 일부 도구다.

물론 여전히 나는 진단을 하고 치료를 한다. 당연히 의사로서 정해진 진단적 범주와 그에 따른 치료를 도구적으로 활용한다. 그러나 그 개념들로 환자를 모두 설명할 수 있다는 오만을 내려놓았다. 적극적으로 약물치료를 하는 이유는 개념화된 질환 상태를 정상으로 돌릴 수가 있어서가 아니라, 그것이 환자들이 원하는 일상과 삶을 살아가는 데 실효적이고 기능적인 도움을 주기 때문이다.

'약에 의지한다' '정신과 약은 끊지 못한다'라는 언어적인 편견도 나와 함께하는 이들에게는 더 이상 중요한 요소가 되지 않는다. 공황장애로 진단된 환자가 약을 얼마나 줄였는지, 공황 발작의 빈도가 얼마나 줄었는지보다 중요한 것은 그가 사랑하는 아이의 선물을 사기 위해 지하철을 타고 사람이 붐비는 마트에 갈 수 있다는 사실이다.

증상이 심한지 약한지 역시 핵심이 아니다. 발작의 빈도가 잦고 증상이 발현되었을 때 정도가 심해도 그러한 발작을 일으키는 원리와 그러한 불안(교감)신경의 과민을 유발한 삶의 맥락을 이해하고 스스로를 안아주며 기다려줄 수 있는 사람은 병이 깊다고 할 수 없다. 반대로 증상은 거의 소실되었으되 언제 공황이 올지 늘 예기불안에 시달리며 스스로의 증상을 터부시하고 두려워하는 이는 아직 자신의 마음에 대한 이해가 부족한 것일지도 모른다. 때로 발작적인 불안을 약으로 달래더라도 의연하게 면접이나 시험을 치르는 환자는, 비록 증상이 호전되었지만 늘 다시 공황이 찾아오지 않을까 노심초사하며 하루를 보내는 환자보다 나의 기준에서는 훨씬 경과가 좋은 것이다.

수용전념을 접한 이후로 정신의학과 심리학은 환자를 좁은 진단기준에 가두기 위한 것이 아니라, 그의 삶을 열어주기 위한 것이 되었다. 나는 당신을, 어쩌면 존재하지 않는 정상으로 되돌리고 싶은 것이 아니라 당신이 원하는 삶을 살아가도록 돕고 싶은 것이다.

당신의 삶과 아픔을 새로이 이해하는 언어, 수용전념

수용전념치료Acceptance and Commitment Therapy(ACT)는 삶의 불완전성, 인간의 심리적인 고통이 만연하다는 사실과 그러한 고통을 경감하려는 시도만으로는 더 나은 삶과 행복을 충분히 제공해주지 못한다는 한계로부터 시작되었다. 창시자 스티븐 헤이즈Steven C. Hayes를 비롯한 수용전념치료를 공부하는 도반들은 내면의 고통을 인식하고, 원인을 분석하며 이로부터 멀어지려는 기존의 도식적인 심리치료가 실제로 얼마나 인간의 행복과 삶의 만족감을 증진했는지에 대해 고민한다. 역사가 흐르며 인간은 훨씬 더 부유해졌고 다양한 생존의 위협에서 벗어나고 있으나 여전히 우리는 공허해하고, 두려워하며, 슬퍼하고, 과거의 고통을 반추한다.

내면의 고통과 투쟁하거나 불편한 마음을 통제하려고 애쓰는 대신, 스스로의 삶에서 가치 있는 것들, 의미 있고 소중한 것들과의 접촉을 늘려나가고 원하는 삶을 '실제로' 살아갈 수 있게 하는 기능적이고 실효적인 변화를 늘려나가는 관점이 수용전념이다. 이는 힘든 마음을 해결할 수 있는 또 하나의 '방법'이 아니다. 그보다는 삶을 바라보는 근본적으로 다른 철학이다. 책에서 소개될 수용전념을 풀어가는 6가지 요소를 통해 당신은, 당신의 아픔과 삶을 다르게 바라보고 이해할 수 있는 시선과 원하는 삶을 향해 나아갈 수 있는 용기 그리고 힘을 얻을 것이다.

이번 인생은 결코 행복할 수 없다고 굳게 믿는다면, 심리서적이나 유튜브 영상, 명상과 치료 등 마음을 낫게 하려는 일념으로 시도한 수많은 노력이 무위로 돌아갔다면, 그로 인한 불안과 허무에 시달렸다면, 이 책은 당신을 위한 것이다. 당신에게 어떤 문제가 있고, 당신의 삶이 어떻게 잘못되었는지, 그것을 어떻게 해결할 것인지와는 조금 다른 이야기를 들려주고 싶다.

내 삶을 바꾼 통찰을 좀 더 많은 이들에게 알리고 싶다는 열망이 글을 쓰게 한다. 나와 아이들이 살아갈 세상이 좀 더 나아지는 데 기여할 수 있다는 확신이 손을 움직인다. 그에 따라 부족한 글솜씨를 세상에 내보이는 부끄러움을 기꺼이 감수하며 쓴다.

기쁨과 슬픔이 공존하는 삶이라는 숲을 치료자와 환자, 상담자와 내담자, 작가와 독자로서 함께 걸어가고 싶은 마음을 이 책에 담고자 했다. 한 권의 책만큼 우리가 함께할 여정이, 이제껏 느껴보지 못한 다른 관점의 삶을 선사할 수 있기를 간절히 바라본다.

1 · 당신이 힘든 건 잘못 살아온 탓이 아니다

2 · 괜찮지 않은
우리의 괜찮은 삶

3 · 이제 나의 불완전함을 새로이 이해한다

1

당신이 힘든 건
잘못 살아온 탓이
아니다

삶의 고통은 피할 수 없다.
그러나 고통으로 인한 괴로움은 선택이다.

_불교

1장

이미 일어난 일을
받아들이기의 어려움

수용

"당신은 완벽한가? 그리고 당신이 원하는 것은 모두 이루어
질 수 있는가?"

　이 질문에 그렇다고 답한 사람은 아마 거의 없을 것이다.
그러나 우리가 살아가는 방식, 삶의 고통을 대하는 관점은 우
리가 인정한 삶의 원리와는 차이가 크다.

　수용은 억지로 받아들이기, 인정하기가 아니다. 우리가
받아들이든 그렇지 않든, 삶에는 기쁨과 즐거움뿐 아니라 노
여움과 슬픔도 존재한다. 내 삶이 완벽할 수 없다는 것, 어찌
할 수 없는 슬픔과 좌절이 존재할 수 있다는 것을 있는 그대
로 '깨닫는 것'이 수용이다.

────────────── 스스로에게 물어보기 ──────────────

1. 신체적·심적 건강 악화, 실직, 경제적 어려움, 대인관계 불화, 직장
   부적응… 지금 나를 고통스럽게 하는 일이 '좋아져야만' 행복할 수
   있다고 믿진 않은가.

2. '모든 사람과 잘 지내는 것은 불가능하다'라는 문장에는 동의하면서도,
   머릿속은 잘 지내지 못하는 대상, 싫어하는 사람에 대한 생각으로
   가득하진 않은가.

3. 기분이 편안하거나 활력이 있는 상태가 '정상적인 것', 우울하고
   불안하며 힘든 느낌이 드는 상태는 '비정상적인 것'으로 간주하진
   않는가.

4. 내가 어떤 문제가 있는 사람인지, 내 인생은 무엇이 문제인지를
   분석하는 데 무심코 몰두하진 않는가.

5. 가치 있고 행복한 일은 사치로 느끼며, '힘들지만 않으면 좋겠다'는
   생각이 간절하지 않은가.

당신이 잘못 살아왔음을
설득해보세요

스스로가 문제투성이라고
생각하는 당신에게

'나는 참 괜찮은 사람이고, 잘 살아가고 있다'라고 생각하는 사람이 많을까, 반대로 '나는 문제투성이고 내 인생은 부족한 것들로 가득하다'라고 생각하는 사람이 많을까. 직업 때문이겠지만 나는 후자에 해당하는 사람을 더 자주 만난다. 원하는 대로만 될 수 없는 것이 당연한 삶을 살면서 나와 내 삶이 '이만하면 괜찮다'라는 인식을 유지하기란 쉬운 일이 아니다.

병원을 찾을 정도로 삶에 지친 이들이라면 더더욱 스스로가 문제라는 생각에 빠지기 쉽다. 인생을 고되게 하는 것들, 이를테면 과거의 아픔, 경제적인 어려움, 사람에게서 받은 상처, 성격적 결함 같은 것을 고치고자 생각을 시작하지만, 생각에 잠길수록 막막함이 더할 뿐이다. 그 막막함에서 벗어나고자 다시금 고민하고, 그럴수록 더욱 힘겨운 마음이 더해지는 악순환. 그 고리 속에서 '나란 인간은 문제투성이구나' '내 인생은 구제 불능이구나'라는 결론을 내리고 진료실을 찾는 이들이 많다.

그럴 때 나는 다음과 화두를 던지곤 한다.

"그럼 반대로, ×× 씨가 어떻게 잘못 살아오셨는지 저를 설득해보세요."

기다렸다는 듯 질문에 대한 답이 이어진다. 취업 실패, 가족 간의 갈등, 자식 문제 같은 익숙한 이야기가 펼쳐지기도 하고, 친족의 성적인 침해, 각종 학대와 유기, 생명의 위협 같은 뉴스나 영화, 문학작품에서 표현될 법한 (혹은 실제로 기사화된) 인간사의 온갖 비극이 펼쳐지기도 한다. 이야기를 듣다 보면 누구라도 불행하다고 할 만한, 만약 직접 경험한다면 견디기조차 힘들 것 같은 중압감이 밀려온다. 이를 이겨내며 조심스레 다시 묻는다.

"그래요. 인생은 때로 참 가혹합니다. 그러한 과정들이 얼마나 힘드셨는지는 굳이 설명하실 필요도 없어요. 그런데 제가 드린 질문의 방향은 조금 달라요. 저는 궁금해요. ×× 씨의 인생이 얼마나 ×× 씨에게 가혹했는지가 아니라, ×× 씨가 얼마나 잘못 살아오셨는지를 이야기해주세요."

어떤 의도인지 뻔히 보이는 한 번만 비튼 질문. 그럼에도 이 질문에 대해 자신 있게 내가 너무나 잘못했노라고 이야기를 이어가는 이는 드물다. 당연히 그렇다. 원하는 것에 다가가기는 어렵고 원치 않는 것은 쉽게 다가오는 고된 삶이지만, 그 속에서도 늘 나름의 최선을 찾으려 노력하는 가련한 존재가 우리다. 돌이켜보면 후회되는 선택이 존재할 수는 있지만, 어떤 선택도 그때는 최선이었다. 선택에 따른 의도하지 않은 결과로 힘들어할 수는 있지만, 일부러 불행을 위해 노력하는 사람은 없다. "저는 참 힘들었어요"라는 이야기에는 십분 공감되지만, "저는 잘못 살아왔어요"라는 이야기에는 동의하기 힘든 이유다.

※

삶은 오류의 연속이다. 당신이 의도한 일이 100% 의도대로 이루어질 확률은 0%이다. 그것은 당신이 매 순간 얼마나 진심이며 얼마나 열심히 살아가는지와는 관계없다. 우리의 인생에 관여하는 변수는 무한대에 가까울 정도로 많고, 그 변수를 마음대로 통제하는 것은 물론이고 운 좋게 모두 원하는 대로 이루어지는 것도 불가능하다. 불완전성과 그로 인한 고통은 결함이 아니라 삶의 본질이다.

　진심과 최선을 다했음에도 원하는 결과는 주어지지 않을 수 있다. 우리는 소망하고 원하는 것이 이뤄지지 않거나 사랑과 믿음이 배신당하는 일은 부디 일어나지 않았으면 하고 바라지만 실제로는 일상적으로 일어난다. 최선을 다해 준비한 시험에도 떨어질 수 있고, 사랑을 가득 담아 길러온 자녀가 내 마음을 알아주지 않을 수도 있다. 충분한 노력과 진심만 있으면 무엇이든 마음먹은 대로 해낼 수 있다는 인식은 아쉽게도 환상이다.

　그렇기에 삶에는 늘 문제가 존재한다. 이를 기반으로 스스로의 인생이 어떻게 잘못되었는지, 스스로가 어떤 면에서 문제인지 논리를 만들기는 쉽다. 그러나 나는 그러한 논리와 설명의 취지는 이해하나, 쉽게 받아들이지는 않는다. 나를 찾아온 이들에게 그런 아픔이 존재한다는 것이, 그들이 잘못 살아왔다거나 앞으로의 삶이 불행할 수밖에 없을 것이라는 증거가 되진 않기 때문이다.

＊

　불행을 추구하려 노력하는 삶은 없다. 때때로 원치 않는 순간들이 찾아오더라도 우리는 늘 나름의 최선으로 삶을 이어간다. 생이라는 기차가 선로를 달리는 동안 어느 구간에서는 비바람이 몰아치거나 끝이 보이지 않는 터널을 지나기도 한다. 그러다가 어느 구간에서는 따사로운 햇살이 비치고 포근한 억새로 가득한 풍경이 펼쳐지기도 한다. 당신이 얼마나 빨리, 얼마나 좋은 길로 달리고 있는지보다 중요한 것은 당신이 달려왔다는 사실 그 자체다.

종종 잘못된 길에 들고, 때로는 수리를 받기 위해 멈출 때도 있지만, 어쨌든 당신은 꾸준히 달려왔고 또 달려가려 하는 중이다. 마음처럼 나아가지 못할 때조차 당신은 적어도 그 나아가지 못함을 염려하고 슬퍼했다. 생의 모든 순간순간은 그때를 살던 당신의 최선이었다.

잘 풀리지 않는 인생이 힘겨울 때마다 과거 탓, 남 탓, 세상 탓 푸념으로 넘기자는 것은 아니다. 다만 삶의 모든 것이 자신에게 달리지는 않았으므로, 삶의 어려움을 고스란히 당신의 잘못으로만 해석하지는 않기를 바란다. 세상은 늘 나를 평가하고 깎아내리기도 하지만 우리는 늘 '나름대로' 살아가는 중이다. 그러니 삶의 험난한 그 모든 것이 나의 잘못만은 아니었다 이해해보기를, 그 이해를 바탕으로 스스로를 너무 미워하지 말기를 권한다.

그 사람의 생각은
다 맞을까?

"너는 외모가 둔하고 문제가 많으니 남한테 더 잘해야 한다"
는 아버지의 이야기를 듣고 자란 이가 진료실을 방문했다. 어
린 시절부터 쭉 들어온 그 말이 그를 가두었다. 그는 모든 사
람이 자신을 그런 시선으로 보고 있다고 인식했고, 그런 시선
을 바꾸기 위해 부단히 노력했다. 다이어트를 하고, 웃는 모
습을 유지하고, 불편한 상황에서도 늘 꾹 참기만 했다. 이러
한 원칙으로는 더 이상 삶을 이어가기 어렵겠다는 생각이 마
음속에 가득해졌을 때 그는 병원을 찾았다. 꾸준히 면담을 이
어가며 일상생활에 많은 변화가 있었음에도, 그는 자라면서
들어온 부정적인 말에서 자유롭지 못했다.

"외모든 성격이든 인간관계든 문제투성이라는 생각에서 벗어날 수가 없어요."

"어떤 면에서 ×× 씨가 문제가 있다는 생각이 드시나요?"

"태어나서 한 번도 인정과 사랑을 받은 적이 없어요. 사람을 만나면 걱정부터 들고. 아버지도 늘 그렇게 이야기했어요. '너를 보고만 있으면 답답하고 걱정이 된다, 앞가림을 잘해야 하는데 한 번도 네가 좋게 보인 적이 없다, 남한테 적어도 피해를 주지는 마라.' 뭔가 저에게 문제가 있어서 그런 거겠죠."

"아버지의 삶을 동경하시나요?"

"전혀 아니에요. 아버지로도, 개인으로도 뭐 하나 배울 만한 것, 멋진 것 없는 그런 삶이에요."

"그분의 가치관은요?"

"늘 비관적이고, 다른 사람들에게는 엄격하지만 자기 자신의 단점은 못 보세요."

"네 좋습니다. 삶이든 가치관이든, 닮고 싶지도 배우고 싶지도 않은 사람의 이야기를 보통 우리는 어떻게 하나요?"

"음… 그다지 경청하지 않거나 오히려 피하기도 하지요."

"그런데 저는 면담을 할 때면 ×× 씨께서, 면담에서 나누는 저와의 이야기보다는 그동안 ×× 씨를 힘들게 했던 아버지의 '말'을 더욱 굳게 믿는다는 느낌, 심지어 그 아버지의 관점에서 제 이야기를 반박하려 한다는 느낌을 받는답니다."

✳

당신에게 잊을 수 없는 상처를 준 말을 한 사람을 떠올려보자. 그들은 어떤 사람들일까. 너무도 따르고 싶은 멘토인가, 사랑하는 사람인가, 평생 함께하고 싶은 친구인가. 아마도 그보다는 실망을 주었던 스승, 이별의 아픔을 가르쳐준 전 연인, 결코 변하지 않으리라 믿었던 이도 변할 수 있음을 알게 한 친구 등일 것이다.

당신은 그들을 기억하고 싶을까. 늘 마음속에서 그들을 되새기며 살고 싶을까. 아마 반대일 것이다. 그들을 잊고 싶을 것이고, 그들이 마음과 삶에 미치는 영향력이 최소가 되기를 바랄 것이다. 그런데 우리는 지금도 떠올리면 가슴이 미어지는 말을 마음속에 담고 산다. 그 사람을 닮고 싶지 않고 그의 가치관에 찬동하지도 않지만, 누구보다도 그들의 말을 곱씹게 된다는 것이 아이러니다.

그 아이러니의 이유는, 우리는 우리의 마음을 대변하는 이야기에 이끌리기 때문이다. 스스로 자신감이 넘치고 삶이 잘 풀려간다고 느낄 때는 희망과 열정을 이야기하는 글에 벅

참을 느낀다. 그러나 같은 이야기도 인생에서 버겁고 힘든 시기를 보내는 이에게는, 인생이 잘 풀린 사람의 배부른 소리로 느껴진다. 따돌림과 소외에 지친 학생에게 대인관계가 얼마나 따뜻하고 위로가 되는지를 이야기하는 글이 와닿을까. 마음이 힘들 때 우리는 부정적이고 냉소적인 이야기와 논리에 귀를 기울이게 된다.

그런데 여기에 함정이 있다. 우리는 타인의 말이 얼마나 삶에 이로운지, 혹은 얼마나 그 사람을 닮고 싶은지에 따라 영향받는 것이 아니라, 그 말이 기존의 내 생각, 지금의 내 마음 상태와 얼마나 가까운지에 따라 영향받는다는 함정이다. 긍정적인 마음의 그릇에는 희망이, 부정적인 마음의 그릇에는 냉소가 담긴다.

이처럼 '내 마음과 가까운 이야기에 마음이 기우는' 원리에 따라, 마음이 힘들 때면 나를 비난하고 폄훼하는 이야기에 빠져든다. 그리고 보통 그런 이야기는 나와 결이 맞지 않는 사람들로부터 전해진다. 누군가의 말에 귀를 기울일수록, 누군가의 글을 열심히 읽을수록 우리는 그 누군가의 모습을 닮아갈 것이다. 상처가 되었던 말을 마음에 담아둘수록, 우리는 결코 닮고 싶지 않은 그 사람의 모습을 닮아가는 슬픈 악순환에 빠지곤 한다.

＊

　　나는 글을 읽거나 타인의 말을 들을 때 그 이야기가 얼마나 그럴듯한지, 또는 얼마나 마음을 잡아끄는지를 중요시하지 않는다. 타인의 말과 글이 나를 끌어당긴다는 것은 그 내용이 유려해서일 수도 있지만, 단지 지금의 내 마음을 잘 대변해서일 가능성이 크기 때문이다. 대신 나는 그 속에 담긴 논리와 통찰이 내 삶에 어떠한 영향을 미칠지를 생각한다.

　　자극적이고 맛있지만 건강에는 나쁜 음식처럼, 아무리 매력적이고 구미가 당기는 논리라 하더라도 그 이야기가 도움이 되지 않거나 오히려 해가 될 때가 많다. 반대로 샐러드나 닭가슴살처럼 처음엔 어색하거나 낯설더라도, 삶과 행복의 밑거름이 되는 이야기도 있다. 나는 전자처럼 어떤 말과 글이 얼마나 맛있는지를 기준으로 삼기보다는, 후자처럼 내가 원하는 삶에 가까워지는 데 얼마나 도움이 되는지를 기준으로 그 메시지를 나의 그릇에 담을지 결정한다.

　　무턱대고 스스로와 미래를 긍정해주거나 낙관하게 하는 말만 가까이해야 한다는 뜻도 아니다. 오히려 덮어놓고 하는 긍정의 말은 개인의 객관적인 성장을 저해하여 결과적으로 스스로 행복을 쌓아가는 데 방해가 될지도 모른다.

글이 긍정적인지 부정적인지, 신랄한지 부드러운지, 편안함을 주는지 불편하게 하는지보다 중요한 것은 그 메시지가 삶에 미치는 영향, 기능이다. 그 내용이 나와 삶을 비관하고 냉소하게 만드는가? 혹은 막힌 속을 후련하게 해주거나 미처 몰랐던 통찰을 제공함으로써 삶을 더욱 풍요롭게 하는가? 그 기준에 따라 나는 '본능적으로 끌리는 말과 글' 대신 '삶을 내가 원하는 방향으로 이어갈 힘을 주는 말과 글'을 가까이하려 한다.

당신도 같은 기준을 적용해보길 권한다. 너무도 싫고 상처가 되었던 그 사람의 말과 글이 정답일 수도, 정답일 리도 없다. 당신이 그러한 상처를 남긴 이를 닮고 싶은 것이 아니라면, 단호히 그가 남긴 말도 거절해보자. 아픔을 남긴 말과 글에 빠져들지 않는 것은 '나는 당신을 닮고 싶지 않고, 당신과 같은 삶을 살아가고 싶지 않아'라는 의지의 표현이다. 그러한 관점이 이어진다면, 그들이 남긴 이야기로 인한 상처도 서서히 아물지 모른다.

당신과 당신의 삶을 폄하하는 말이 그럴듯하게 느껴진다면, 이는 당신이 잘못되었다는 증거가 아니라 단지 당신의 마음이 지쳐 있음을 의미하는 것일지도 모른다. 마음을 아프게 파고드는 그 말이 얼마나 맞는지를 따지기보다는, 실제로 삶에 어떠한 영향을 주고 있는지를 살펴보기를 권한다. 그리고 솔깃하지만 삶을 혐오하게 하는 이야기보다는, 당장 와닿진 않더라도 우리가 우리의 삶을 믿게 하는 이야기에 귀를 기울이기를 바란다.

이끌린다고 해서 진실은 아니다. 나는 어떤 말이 당신에게 가장 와닿는지보다, 어떤 말이 당신이 오늘을 살게 하는지에 관심이 있다. 잊을 수 없는 상처를 준 말, 도저히 마음속에서 지울 수 없는 메시지를 남긴 사람을 당신은 사랑하는가? 만약 그렇지 않다면, 그가 남긴 그 말들에 붙들려 있는 것도 그만두기를 권한다.

'사람들이 나를 싫어하면 어떻게 하지?'

원만한 관계를 유지하는 길에는 지뢰가 가득하다. 사람의 마음은 참 섬세하고 여리다. 누군가가 무심코 던진 말 한마디에 결코 잊을 수 없는 상처를 입기도 하고, 상상조차 하지 못한 이유로 타인의 마음을 아프게 하기도 한다. 그 미묘한 마음과 마음이 만나 긴 세월 동안 관계를 지속하는 것, 심지어 서로 좋은 감정만을 유지하는 것은 당연한 일이 아니라 감사해야 할 기적 같은 일이다.

사회적 동물인 인간에게 타인으로부터 배척받는 데 대한 두려움은 본능으로 각인되어 있다. 그에 더해 우리는 늘 주위 사람들과 잘 지내야 한다고 배운다. 자녀가 모든 사람과 원만하게 지내기를 바라는 양육자의 욕심은 관계에서 자연스럽게 생기게 마련인 어긋남을 있어서는 안 될 오류로 치부한다. 사회는 잘 지낼 수 있다면 좋은 것인 관계를 잘 지내야만 하는 것으로 교육한다. 그러다 보니 우리는 살면서 마주치는 관계를 모두 잘 유지해야 한다는 압박에 시달린다. 관계의 버거움은, 이렇듯 모든 사람과 잘 지낸다는 게 불가능한 인간이 모든 사람과 잘 지내야 한다는 강박에 빠지며 시작된다.

그런데 면담 때 이런 이야기를 나누면, 백이면 백 다음과 같은 질문이 되돌아온다.

"선생님, 그러면 직장에서 사람들과 아무렇게나 지내도 된다는 말인가요?"

"속에서 화가 부글부글하는데 교수님에게 나오는 대로 다 말해도 되나요?"

"만나고 싶은 사람만 만날 수 없는 게 인생 아닌가요?"

이러한 질문들 속에는 똑같은 한 가지 맥락이 숨어 있다. '살다 보면 아무렇게나 할 수 없는 관계가 분명 있는데, 누군가와 잘 지내지 못할 수도 있음을 받아들이라는 건 그런 것을 포기하라는 이야기인가요?'

그렇지 않다. '관계를 잘 풀어나가기 위해 노력하는 것'과 '잘되지 않는 관계를 슬퍼하고 두려워하는 것'을 혼동하지 말자는 것이며, 이 둘을 잘 구분해서 내가 할 수 있는 최선의 노력을 하자는 것이다.

*

자기계발서에 거부감을 가지는 사람들이 많다. 그 이유는 우리가 하는 고민의 대부분이 책에서 다루는 그 내용을 몰라서가 아니라, 알지만 그대로 하기가 어려워 생기기 때문이다. 후회되는 관계, 힘든 사람 사이 문제도 마찬가지다. 좋은 대인관계가 어떻게 우리의 삶에 풍요로움을 제공할 수 있는지는 이미 교육으로, 책과 영상으로 널리 알려져 있다. 그러한 관계를 이어갈 수 있는 방법론 역시 마찬가지다. 타인과 잘 지내는 것이 어떻게 삶에 도움이 되는지 몰라서 못 지내는 것이 아니다. 그것이 얼마나 버거운지가 문제다.

우리는 대개 타인과 잘 어울리는 법을 알고는 있다. 그때 다르게 말했더라면, 그때 다른 태도로 대했더라면, 시간이 지나고 차분한 마음으로 이성적으로 생각해보면 더 좋은 답이 떠오르는 경험은 누구에게나 있다. 답을 아는데도 관계를 풀어나가기 힘든 이유는 지나친 부담감에 있다. '잘 지내야만 하는데' '미움을 받으면 안 되는데 어쩌지' 하는 당위와 강박이 조급함과 무리함, 무력감을 불러오면 우리는 알고 있는 정답을 선택하지 못한다. 그리고 후회한다.

친구 중에 대인관계가 좋기로 둘째가라면 서러운 이가 있다. 차분하고 예의 바르며 주변을 두루 잘 챙겨 그를 아는 이들은 대부분 그를 좋아한다. 하루는 그런 그의 장점이 부럽다는 말을 하다가 관계에 대해 이런저런 이야기를 나누게 되었다. 그런데 그가 자신의 과거를 고백하듯 뜻밖의 말을 꺼냈다.

"예전에 나는 사람이 무서워서 햄버거를 주문하지 못했어."

지금의 모습을 보면 상상이 되지 않는데 대체 무슨 말인가 하고 자세히 들어보니, 학창 시절의 그는 스스로에 대한 확신이 없었다고 한다. 이유는 모르지만 자신이 늘 부족하다고 생각했고 그래서 다른 사람들이 자신을 그런 시선으로 바라볼까 봐, 또는 스스로 그렇게 생각하고 있다는 것을 눈치챌까 봐 늘 전전긍긍했다고 한다. 재수를 하면서 그런 경향이 심해진 나머지 패스트푸드점 아르바이트생 눈빛만 봐도 자신을 이상하게 보지 않을까 두려워 굶고 말았다는 것이다.

우리가 살아가는 세상은 객관적인 실체가 따로 존재하는 것이 아니라 우리가 의식하는 대로 구성된다. 특별한 불편함 없이 사람들과 어울리는 지금의 그는 그때의 생각이 지나친 것이었음을 당연히 안다. 그러나 그때의 그 두려움은 허상이 아니라 실재였다. 그의 삶은 그를 폄하하는 사람들로 가득 차

있었다. '다른 사람들이 나를 이상하게 보면 어떡하지?'라는 두려움이 그를 이상하게 바라보는 사람들을 만들어냈다. 지나치는 사람들의 눈빛이 자신을 향하지 않는지 두리번거리고, 일에 쫓겨 진이 빠진 아르바이트생의 눈빛을 경멸로 이해했다.

햄버거를 주문하려면 원하는 메뉴를 정하고 매장에서 먹을지 포장해서 가져갈지를 결정한 다음, 아르바이트생이 하는 질문에 그대로 답하면 된다. 그것을 모르는 사람은 없고, 그것이 가장 중요한 것이다. 그러나 그에게는 그 간결한 정답을 택할 여유가 없었다. 처리해야 할 정보가 너무도 많았기 때문이다. '지금 아르바이트생의 눈초리는 어딘지 모르게 나를 얕잡아보는 것 같아.' '말투가 조금 퉁명스러운데 내가 만만해서 그런 건 아닐까?' '내 목소리가 떨리는 걸 눈치채고 지질하다며 속으로 욕하는 건 아닐까?'

마음이 만들어낼 수 있는 두려운 상황은 끝이 없다. 그러한 두려움을 자아내는 의문에 모두 괜찮다는 답을 달 수 있어야지만 괜찮은 것이 아니다. 두려운 상황이 일어날 가능성이 존재한다고 해서 실제로 무언가가 잘못되리라고 예견할 필요는 없다. 패스트푸드점 아르바이트생이 나를 퉁명스럽게 대하거나 속으로 나를 경멸할 가능성이 0%는 아니다. 그러나 그러한 경우의 수까지 모두 대비하며 살아가지 않아도 나의 삶은 충분히 매끄러울 수 있다는 것이다.

＊

대화를 하다 보면 상대방이 나와 보내는 시간을 편안하게 느끼는지, 그렇지 못하고 불편해하며 속으로 이런저런 생각을 하는지를 느낄 수 있다. 나의 마음이 편안할 때 상대방 역시 그러한 부드러움에 감응한다. 잘 보이기 위해서, 책잡히지 않기 위해서, 미움받지 않기 위해서 '어떤 말을 해야 할까' 고민을 시작하는 순간 우리는 불안의 함정에 빠져든다.

인터넷에서 '숨 쉬는 과정을 의식하는 순간 숨쉬기 노동이 시작된다'라는 우스갯소리를 본 적이 있다. 책을 읽는 독자분들도 지금 숨 쉬는 것을 의식해보라. 숨이 코로 들어오고, 목구멍을 통과하는 때에 폐를 부풀렸다가, 다시 폐를 조이며 숨을 내뱉는 과정. 자동으로 잘 이루어지던 이 과정이 어색해지고, 노력이 필요할 것 같고, 무언가 제대로 해야 할 것만 같은 피곤함을 느끼게 된다.

관계도 이와 같다. 우리는 대개 건전한 상식과 서로를 위하는 선한 마음을 가지고 있다. 자유롭고 편안하게 대화하게 둔다면, 관계도 선을 벗어나지 않고 그 마음을 따라 부드럽게 이어진다. 그런데 우리는 늘 관계를 머리로 잘 풀어가려 한다. 상사에게 잘 보이기 위해 과한 공손함을 보이다 되레 어색함을 부른다. 좋아하는 사람에게 좋은 인상을 남기려 무리하다 부담을 준다. 다음에 내가 할 말을 미리 머릿속으로 정리하느라 상대방이 하는 말을 듣지 못하고 대화의 흐름을 놓친다. 불편한 사람과의 관계를 회복하려 고민을 거듭하다 불편함에 압도되어 결국 한마디도 하지 못하고 멀어진다.

당신이 지금 호감을 느끼는 사람은 어떤 사람인지. 아마도 주위에 좋은 사람, 유쾌한 사람으로 보이고 싶어 늘 무리해가며 애쓰는 기색이 역력한 사람은 아닐 것이다. 그보다는 그저 함께 할 일을 열심히 하고, 슬픈 일에 진심으로 위로해주며, 즐거울 때 주위 눈치 보지 않고 가식 없는 미소를 전하는 사람이 당신도 나도 좋아하는 사람일 것이다.

나 역시 그런 사람이 되어보면 어떨까. 동료들에게 좋은 인상을 주기 위해 무리한 유머를 시도하게 하는 부담감을 내려놓으면 어떨까. 타인이 나를 어떻게 생각하는지, 오감 육감을 총동원해 상대방의 비언어적 신호를 파악하느라 제풀에 지치는 과정을 그만두면 어떨까. 관계가 온전히 내게 달려 있지 않음을 이해하며, 마음과 마음이 어긋나는 일 역시 참으로 일상적인 일임을 깊이 받아들이기를 권한다. 또한 잘 풀리지 않는 관계에 절망하는 대신, 소중히 이루어지는 관계에 감사하기를 제안한다.

원하는 대로만 이루어지지 않는 관계가 고통이었던 것은, 어쩌면 우리가 관계에 지나친 완벽함을 요구했기 때문일지도 모른다. 어긋남 역시 자연스러운 관계의 한 양상임을 받아들인다면, 그럼에도 따뜻이 이어지는 관계의 소중함도 비로소 느낄 수 있다. 로또는 당첨되면 좋지만, 당첨되어야만 하는 것은 아니다. 그리고 다행하게도 좋은 관계는 로또보다는 곧잘 당첨된다. 가족이든, 친구든, 연인이든, 배우자든, 동료든, 반려동물이든 우리의 삶에는 드물지만 소중한 이들이 존재한다. 그 정도면 우리의 삶 하나만큼의 행복은 충분히 채우고도 남는다.

그러니 부디 애쓰지 말기를. 관계에 대한 두려움, 조금 더 세밀히 말하면 타인과 잘 지내지 못할지도 모른다는 두려움에 가려져 있는 당신의 편안함과 따스함이, 별생각 없이 햄버거를 주문하듯 자연스레 소중한 이들에게 전해질 수 있도록. 잘되지 않는 타인과의 사이를 억지로 돌리려 애쓸 여력이 있다면 사랑하는 이를 더욱 사랑하는 데 쏟는 것이 낫다. 우리의 소중한 시간과 정성은 그 소중함을 알아주는 이들에게 쓰일 때 쌓여간다.

늘 자책하는 내가
나조차 버거울 때

자신에게 친절하지 못한
당신에게

#1. 지금 당신이 가장 사랑하는 사람을 떠올려보자. 사랑이라는 말이 부담스럽다면 가장 좋아하는 사람, 소중한 사람도 좋다. 만약 그 사람이 오래된 마음의 상처로 아파하고 있다면 당신은 그에게 어떤 말을 건네주고 싶은가. 어떤 표정을 짓고, 어떠한 목소리로 어떤 메시지를 전하고 싶은가.

#2. 만약 그 사람에게 다른 이가 "네가 힘든 건 의지가 약해서야, 네 마음가짐에 문제가 있어서 그래" "빨리 정신을 차리고 더 노력하면 마음이 괜찮아질 테니 어서 힘을 내" "그렇게 처져 있지 말고 좀 긍정적으로 생각을 해봐, 운동이라도 해봐"

하고 다그치는 모습을 본다면 당신은 어떤 생각이나 감정이 들까. 그 말에 깊이 공감되면서 편안한 마음이 들까, 아니면 그렇지 않아도 힘든 그 사람이 더욱 힘들어지진 않을지 걱정될까. 내가 사랑하는 그 사람을 함부로 대하는 그에게 화가 나고 반감이 들진 않을까.

#3. 당신은 세상 어떤 타인보다, 어떤 존재보다 소중한 것이 자신이라는 사실에 동의하는가.

#4. 그런데 타인에게도 하지 않을 책망과 다그침을 자신에게 무심코 반복하고 있진 않은가.

입원 병동이 있는 대학병원에서 근무하면서 환자들에게 자주 들었던 말 중 하나는, 같이 입원한 환자들이 건넨 위로가 너무도 큰 도움이 된다는 것이었다. 때로는 주치의와의 면담보다도 다른 환자들의 진심 어린 이해가 힘이 되었다는 이들도 만났다. 그 힘의 근원이 무엇인지 궁금해서 여러모로 이야기를 해본 적이 있다. 비슷하거나 더 심한 아픔을 경험한 사람들이기에 같은 마음처럼 깊이 공감하고 이해해줄 수 있다는 점은 충분히 짐작할 만했지만, 그 이상으로 중요한 부분을 알게 되었다. 그것은 환자 간의 대화에서는 결코 타인의 아픔이나 버거움을 함부로 평가하지 않는다는 점이었다.

환자들끼리는 자신에게 잘못이 있는지, 고작 그런 일로 힘들어해도 되는지, 나아지려면 어떻게 해야 하는지 이야기하지 않는다. 자신이 얼마나 아팠는지, 그럼에도 얼마나 노력해왔는지를 함께 나눈다.

그렇기에 그들의 대화에는 목적이 없다. 어떻게든 좋아지려 하거나, 상대방을 인위적으로 이끌려는 마음이 없다. 단지 공감하고 또 이해할 뿐이다. 그런데 그것이 묘한 힘을 발휘한다. 우리는 늘 깊고 진솔한 이해에 목말라 있기 때문이다.

※

아침에 일찍 일어나는 것이 어째서 좋은지, 사람들과의 만남을 시도하는 것이 삶에 어떻게 도움이 되는지, 집에 가만히 머무르기보다는 운동을 하거나 공부를 하는 것이 왜 더 나은지… 우리는 생각보다 자신에게 필요한 것, 좋은 것을 잘 알고 있다. 그러나 너무도 뻔하고 당연한 그 방법을 실행하기 힘들 때가 있다.

우리는 그럴수록 스스로를 다그쳐야만 할 것 같은 강박을 느낀다. 나의 문제를 분석하고, 어떻게 잘못되었는지를 반추하고, 끊임없이 나를 옳다고 생각하는 방향으로 내모는 것이 옳고 또 필요한 일이라 굳게 믿는다. 심지어는 그간의 내가 힘들었을 수도 있다는 것, 내 삶에 내가 어찌할 수 없는 아픔이 존재했다는 것을 있는 그대로 받아들이는 일 자체를 두려워하기도 한다. 마치 '나는 힘들 만해서 힘들었어'라는 말을 스스로에게 건네버리면 영원히 그 아픔에서 벗어날 수 없을 것처럼, 안주해버릴 것처럼.

살면서 들었던 가장 따뜻하고 위로가 된 한마디를 떠올려보자. 책에서 읽은 글귀 한마디든, 가족이나 친구나 사랑하는 이의 말 한마디든 누구나 마음을 깊이 이해받은 기억이 있을 것이다. 그 내용은 어떤 것이었던가. 아마도 그 메시지가 나의 아픔을 더 깊이 파고들거나, 내가 어떻게 잘못되었는지를 설명하거나 다그치는 방향은 아니었을 것이다. 그럴 수 있다, 그럴 만한 아픔이었다며 나의 마음을 깊이 이해해주고 어루만져주는 방향이었을 것이다.

그러한 이야기를 전해 들은 당신의 마음에는 어떤 변화가 생겼을까. 흔히 우리가 두려워하듯 현실에 안주하거나 아픔을 회피하게 되었을까. 오히려 입원 이후 동료 환자들에게 깊은 위로를 받고 현실을 살아갈 힘을 얻었던 수많은 환자처럼, 버겁고 두려운 현실로 한 걸음 나아갈 힘을 얻었을 것이다.

＊

우리는 생각보다 자신의 삶과 자신의 마음을 잘 알고 있다. 가족, 친구, 연인, 정신과 주치의를 비롯한 세상 누구도 나보다 나를 잘 알지는 못한다. 그렇기에 스스로를 향하는 비난은 누구의 평가보다도 뼈아프고, 스스로를 따뜻하게 안아주는 이해는 어느 타인의 위로보다도 깊이 와닿는다.

나 자신을 격려하고 응원하기만 하면 모든 일이 다 잘 풀리고 인생이 괜찮아질 것이라는 식의 무의미하고 공허한 메시지를 더하려는 것이 아니다. 현실의 어려움을 외면한 채 그저 괜찮다는 주문만을 반복하자는 것도 아니다. 오히려 그 반대다. 때로 삶이 마음 같지 않을 수 있다는 것, 의도하지 않았고 원하지 않은 아픔이 나를 찾아올 수 있다는 사실, 그것이 나와 내 삶이 잘못되어서가 아니라 어찌할 수 없는 삶의 본질임을 이해해주자는 것이다. 그러한 삶을 견디고 살아내는 나를 감싸주고 안아주자는 것이며, 그 위로를 힘으로 삼아 원하는 삶을 이어가자는 것이다.

한번쯤은 당신의 마음속에 떠오르는 스스로에 대한 생각을 한 발 물러나 살펴보면 좋겠다. 당신은 스스로의 부족함을 평가하고 다그치고 있는가, 혹은 스스로의 아픔을 이해하고 보듬는 중인가. 두 관점에 옳고 그름은 없다. 하나가 맞고 다른 하나는 틀린 것이 아니라, 무엇을 더 중요하게 생각하는지에 차이가 있을 뿐이다.

어떻게 자신을 대하는 것이 옳은지, 무엇이 자신을 돌아보는 맞는 방법인지에 나는 관심이 없다. 단지 어떤 관점이 당신을 살게 하며, 당신의 삶을 더 사랑하게 하는가. 나는 여기에 관심이 있을 뿐이다.

왠지 자책해야 할 것 같아서, 그게 더 맞는 것 같아서, 그래야만 삶이 나아질 것 같아서, 그렇지 않으면 현실에 안주하게 되고 발전이 없을 것 같아서 스스로를 비난하고 있다면 그러지는 않아도 된다. 우리는 스스로의 삶을 위한 것이 무엇인지 잘 알고 있다. 우리에게 필요한 것은 억지 노력과 다그침보다는, 묵묵히 삶을 이어갈 수 있는 위로와 힘이다.

그러니 조금 더 내게 친절해도 된다. 당신이 너무도 아끼고 소중해 마지않는 누군가가 힘들어할 때 건네고 싶은 따뜻한 말, 그 말이야말로 지금의 내게 가장 필요한 말이므로.

'다 잘될 거야'라는
거짓 위로

시험, 면접, 소송, 가난 같은 현실의 문제가 버거울 때 '기다리면 잘될 거야' '진심으로 바라면 원하는 대로 이루어질 거야'라고 스스로를 다독이는 경우가 많다. 간절히 바라고 노력하는 것만으로 원하는 것을 모두 이룰 수 있다면 얼마나 좋을까. 인생이 그렇게 단순하고 명료하다면 정신건강의학과는 없어도 될 것이다.

그러나 삶은 그렇게 녹록지 않다. 면접 합격 여부를 결정하는 기준은 지원자의 진심이 아니다. 사랑이 간절하다고 해서 상대가 반드시 그 마음을 알아주는 것은 아니다. 노력만으로 모든 것을 이룰 수 있다면, 세상일이 합리적이고 이성적으로만 진행된다면 억울함이라는 감정은 존재하지 않을 것이다. 사실이 그렇고, 인생이 이루어진 원리가 그렇다.

내가 원하는 것은 타인도 원한다. 희소하기 때문에 추구하고 손에 넣기 어렵기 때문에 간절하다. 그래서 무엇을 바란다는 것 자체가 그 무엇이 달성되기 어렵다는 속성을 내포한다. '하루 12시간 열심히 일하고 월급은 100만 원만 받고 싶다' 하고 바라는 사람은 없다. 그것은 쉽게 이룰 수 있기 때문이다. 우리가 무언가를 간절히 원하는 이유는 이루기 어려워서다. 쉽지 않기에 소중하다. 그렇기에 바라는 결과는 본질적으로 기대와 어긋날 가능성이 크다.

∗

면담하면서 늘 '입바른 위로'를 지양하려 주의를 기울인다. '무조건 잘될 거예요'라는 말은 인생의 원리에 들어맞지 않는 무성의한 거짓말이다. '당신은 그 자체로 소중한 사람입니다' '간절히 원하고 노력하기만 한다면 모든 것이 잘 이루어질 것입니다' 유의 이야기는 마음이 편안할 때 에세이 속한 구절로 읽기는 좋으나, 삶이 잘 풀리지 않을 때는 공허하게 들린다. 아름답지만 설득력이 부족하고, 실제 삶의 원리와 동떨어져 있기 때문이다.

억지로 긍정적으로 생각하지 말기를, 얄팍한 듣기 좋은 말로 '스스로의 마음을 속이지 말기를' 권하는 것도 마찬가지 이유다. 때로는 어떻게 내 인생이 나의 기대를 벗어날 수 있는지, 때로는 얼마나 나 자신이 미울 수 있는지를 스스로가 누구보다도 잘 안다. 억지 긍정과 위로는 역설적으로 '사실은 우리 인생이 그렇지 않잖아, 열심히 한다고 해서 마음대로 되는 건 아니잖아'라는 반발을 불러일으킬 수도 있다.

단순하게 이루어지면 좋겠다는 바람이 꺾였다고 해서 좌절하게 되는 것은 아니다. 바라는 대로 이루어지지 않으면 삶이 무너질 것이라는 오해 때문에, 실패하면 끝이라는 착각 때문에 절망하게 된다. 그런데 역으로 생각해보자. 당신의 삶이 이상대로, 바라는 대로만 구성되었던 시기는 얼마나 되는가. 아예 없었을 수도 있고, 설령 그런 시기가 있었다 한들 극히 드물 것이다. 예측대로, 기대대로 이루어지지 않았어도 우리의 삶은 '망하지 않고' 그 이전부터도 그 이후로도 무던히 이어지고 있다.

당신이 살아오며 열 가지 일을 바랐을 때, 원하는 대로만 이루어지는 경우는 세 가지, 아니 한두 가지에 지나지 않았을 것이다. 이는 당신이 잘못 살았거나 미숙해서가 아니다. 오히려 그런 확률이 대부분의 사람에게 보편적으로 적용된다. 성공은 성실에 따라 반드시 주어져야 하는 자연스러운 결과가 아니다. 노력은 당연하거니와, 수많은 외적인 상황과 운까지 가미되어야 겨우 주어지는 특별한 선물이다. 그것이 자연스럽고 일상적인 것이라면 우리가 그렇게까지 원하고 바랄 이유가 전혀 없다. 반대로 실패와 절망이야말로 달갑진 않지만 좀 더 보편적이고 일상적인 것이다.

그러므로 기대했던 일들이 기대를 벗어나는 상황은 '문제'가 아니고, '내 인생이 잘못되었다는 증거'도 아니며, '결코 일어나면 안 되는 두려운 일'은 더욱 아니다. 물론 본능은 이 당연한 사실을 버거워하고 또 거부한다. 그래서 원하는 대로 되지 않으면 잘못된 것이라 인식하는 오해를 내려놓기 위해서는 실패가 일상임을 받아들이는 용기가 필요하다. 모든 것이 마음대로 될 수 없다는 당연한 사실을 받아들이면 오히려 어찌할 수 있는 것들이, 내게 최선인 하루가 보이기 시작한다.

*

그래서 나는 현실의 어려움을 듣기 좋은 말로 애써 외면하는 대신 조금 다른 접근을 시도한다. 그것은 기대대로 이루어지지 않는 것이 얼마나 보편적이고 자연스러운지를 받아들이는 일, 그리고 집요하게 내가 어찌할 수 있는 가장 작은 것들을 찾는 일이다.

반복되는 면접 실패가 얼마나 절망적인지를 분석하는 하루보다는 자기소개서 문구를 고민하거나 직무에 도움이 되는 자격증 공부를 하는 한 시간이 더 의미가 있다. 관계의 어려움을 풀어가려면 어째서 내가 사랑받지 못할 사람인지를 연구하는 것보다는 고민되는 관계를 풀어갈 수 있도록 진료나 상담을 받는 것이 도움이 된다. 바쁜 일상에서 건강을 관리하기 힘든 이유를 찾기보다는 출근길 샤워 전, 퇴근길 컴퓨터를 끄기 전 2분씩 코어 운동 플랭크를(지금 실제로 하고 있다) 하는 것이 실효적인 변화를 일으킨다.

아픔과 좌절을 애써 뭉개고 외면하는 대신 얼마나 일반적이며 보편적이고 또 자연스러운 일인지를 직면하자. 그때부터 마음은 자연스럽게 '그럼에도' 우리에게 허락된 것들을 찾기 시작한다. 잘되든 그렇지 않든 오늘의 우리에게는 최선으로 보낼 수 있는 오늘이 있다. 행복은 얼마나 좌절 없이 많은 것이 이루어지는지에 따라서가 아니라, 오늘 하루가 '나에게 가장 좋은 날'에 얼마나 가까운지에 따라 결정된다.

좌절은 종말이 아니라 일상이다. 늘 그래왔듯 오늘도 그리고 내일도 모든 것을 허락하지는 않는 삶이 이어질 것이다. 그렇게 묵묵히 이어지는 나와 당신의 삶을 응원한다. 모든 것이 이뤄지길 바란다는 헛된 기원을 대신하여, 오늘도 당신의 하루가 당신에게 최선인 하루와 가깝기를 기도해본다. 그러다 보면 그토록 간절히 원했던 무언가가 당신의 마음 그대로 이루어지는 순간도, 선물처럼 주어질지도 모른다.

아픔을
다르게 이해하기

당연히 모든 사람과 잘 지내기는 어렵다고 하면서도, 우리의 머릿속은 나를 걱정하고 아껴주는 수많은 사람이 아닌, 잘 지내지 못하는 사람들에 대한 고민으로만 가득하다. 당연히 모든 시험 결과가 내가 원하는 대로는 될 수 없음을 알면서도, 당장 합격 확률이 한 자릿수에 불과한 시험을 통과하지 못한다면 삶이 비참해질 것이라는 두려움을 느낀다. 힘든 마음을, 불확실한 삶을 살아가는 완벽하지 못한 우리가 경험할 수 있는 자연스러운 삶의 일부가 아닌, 비정상적이고 병적인 상태로 인식한다.

행복이 아닌 생존 추구에 따라 형성된 본능은 내게 의미 있고 소중한 것보다는 위협적으로 느껴지는 것, 두려운 것에 더욱 몰입하게 한다. 나를 아껴주고 걱정해주는 사람보다는 관계가 어긋나고 틀어진 사람에게, 내게 의미를 주고 활력을 주는 일보다는 잘 풀리지 않고 어렵게 하는 일에, 스스로 칭찬하고 격려해줄 만한 모습보다는 문제로 보이고 혐오스러운 모습에 몰두하게 하는 것이 본능이다. 거기에 함정이 있다.

어쩌면 살아가면서 느끼는 힘겨움을 '반드시 해결해야 할 문제' '행복을 위해 우선 해소해야 하는 선결 조건'으로 인식하는 태도야말로 우리를 힘들게 하는 것이 아닐지. 결코 사라지거나 완전히 벗어날 수 없는 당연한 삶의 일부를 문제로, 두려운 것으로 인식하는 마음이야말로 우리를 옥죄고 두렵게 만드는 것은 아닐지.

수용이란 삶이 힘들 수밖에 없다고 아픔과 두려움을 불러일으키는 것이 아니라, '그 슬픔과 고통이 나와 내 삶의 문제는 아니었다' '나의 아픔이 나의 오류를 증명하는 증거는 아니었다'며 담담히 위로하고 다독여주는 마음이다.

1. 모든 일이 바라는 대로 이루어질 수는 없다는 것, 모든 사람과 잘 지낼
   수는 없다는 것, 두렵고 피하고 싶은 일이 존재한다는 것이 반드시
   해결해야 할 비정상적인 일면일지, 자연스레 존재할 수 있는 삶의
   일부일지를 생각해보자.

2. '불행하지 않은'과 '행복하고 의미 있는'의 차이를 생각해보자.

3. 인생 전체를 통틀어, 단 한 점 불안도 우울도 힘든 마음도 없이 완벽하게
   편안했던 시기가 있었는지를 되돌아보자.

4. 자신의 아픔을 애써 괜찮다 덮는 대신, 얼마나 아플 만한 것이었는지
   있는 그대로 이해해보자.

5. 힘든 일, 후회되는 일, 자책하는 일을 떠올려보고, 그와 똑같은 상황이
   내가 아니라 가장 사랑하는 사람에게 닥친다면 그에게 어떤 이야기를
   건넬지 생각해보자. 그리고 그 말을 지금 나 자신에게 하는 말과
   비교해보자.

평가하는 대신
관찰하는 연습

_____

탈융합

말은 힘이 세다. 언어의 함정에 빠진 인간은 언어로 삶을 이해하는 것으로 모자라 스스로 떠올린 문장을 마치 진리처럼 믿고, 심지어는 그 문장과 자신을 동일시한다. 언어와 현실이 융합되어버린다.

탈융합은 나를 가두는 언어의 감옥인 융합에서 탈출해 자유로워지는 것을 뜻한다. 나도 모르게 생각으로, 생각을 표현하는 언어로 스스로와 삶의 가능성을 제한하고 있음을 느껴보는 것이다. 얼마나 많은 말이 충분히 시도해볼 수 있는 가능성에서 우리를 멀어지게 했는지 떠올려보는 것, 그러한 말들이 표현하고 결정하며 제한하는 삶보다 더욱 자유롭고 유연한 삶을 상상해보는 것이다.

1. '나는 불행한 사람' '나는 무능력한 사람' '누구에게도 사랑받지 못할 사람' 같은 스스로에 대한 언어적인 평가와 스스로를 동일시하진 않는가.

2. '내 인생은 앞으로도 힘들 수밖에 없어' '결국 나는 실패할 가능성이 높아' 하고 부정적인 자기 예측을 반복하진 않는가.

3. '보통 좀 행복할 만하면 불행이 오니, 오히려 가끔 행복할 때 더 불안해'처럼 경험을 바탕으로 형성된 '언어적 원칙'에 무의식적으로 이끌리진 않는가.

4. 나 자신, 혹은 스스로의 삶에 대한 믿음은 약하지만, '나와 내 삶이 잘못되었다는 인식', 스스로와 삶을 부정적으로 묘사하는 언어적 표현은 깊게 믿고 있지 않는가.

5. 누군가가 나의 장점이나 좋은 면을 언급하면 '나의 진짜 모습을 모르기 때문에 그렇게 인식하는 거야' 하고 생각하진 않는가.

상처받은 기억이
자꾸 되살아난다면

용서하라는 말에
더 괴로운 당신에게

트라우마를 경험한 사람들을 공통적으로 힘들게 하는 조언이 있다. 가해자를 용서하라는 이야기다. '용서하면 진정한 평화가 온다.' '원망을 내려놓으면 편해진다.' 정말 그럴까.

심적 고통은 눈에 보이지 않아, 이에 대한 세상의 인내심은 무한하지 않다. 처음에는 가해자와 상황에 대해 함께 분노해주지만 아픔이 한두 달, 심지어 몇 해가 지나도 지속되면 주위에서는 서서히 피해자를 탓하기 시작한다. '시간이 이만큼 흘렀으니 잊을 때도 되지 않았느냐' '언제까지 그런 상태로 살 것이냐' '이 정도면 사실 네가 문제였던 것이 아니냐'…

그러한 시선에 시달리다 보면 누구나 조급함을 느끼게 된다. '빨리 좋아져야 해, 아직도 이렇게 힘들다는 건 내가 비정상이라는 증거야.'

*

용서는 어떻게든 좋아져야 한다는 압박이 만들어낸 고육지책의 끝판왕 같다. '차라리 상황을 이해해봐라, 그 사람을 용서해봐라.' 그러나 그런 조언을 들으면 '아하, 그렇게 하면 편안해지겠구나'라는 깨달음과 후련함보다는, 그렇게까지 해서라도 어떻게든 편해져야 한다는 부담이 더해진다. 단순한 부담을 넘어, 상처받은 것은 나인데 받아들이고 이해하는 것도 왜 나여야만 하는지, 억울함이 더해져 슬픔까지 느껴지기도 한다.

아픔을 안긴 이를 죽이고 싶거나 차라리 내가 죽어버리고 싶을 정도의 상처는 시간이 지난다고 해서 아무는 것이 아니고, 그런 상처를 준 사건이 잊히지도 않는다. 잊히지 않는 것, 좋아지지 않는 것이 '비정상'이 아니다. 몇 달, 몇 년이 지나도 아픈 것이 당연하다. 뒤따르는 불안과 분노는 그러한 아픔을 다시 겪지 않으려는 자연스러운 회피, 방어기제다. 이러한 기전을 애써 외면한 채 일시적으로 힘든 감정을 무마하려고 인위적인 용서를 떠올릴수록 마음은 '정말 진심이야? 그렇게 하면 괜찮아지는 거야?'라고 되물어온다.

외모가 마음에 들지 않는다는 이유로, 보고 있으면 기분이 나빠진다는 이유로 욕설과 폭행을 가한 그를 용서한다는 것이 무슨 말일까. 성적인 자기 결정권을 넘어 한 인간으로서의 존엄까지 짓밟아버린 그를 어떻게 이해하라는 것일까. 왜 이러한 고민은 늘 피해자가 하고, 가해자는 아무렇지도 않게 살아가는 것일까. 그런 모습을 보면서 혼자서 그를 용서하겠다, 이해하겠다 되뇌는 것이 정말로 평화를 줄까.

상처받은 기억을 없던 것으로 돌릴 수는 없다. 그래야 하는 것도 아니다. 그러기에는 그때의 내가 너무 가엾다. 애써 외면한다고 해서 외면되는 것이라면 정신과 의사라는 직업은 없어도 된다. 억지로 용서하기로 하면 용서할 수 있는 것이었다면 오랫동안 아파할 이유가 없었다. 비합리적인 수준의 아픔일지라도 그 이유는 비합리적이지 않다.

아름다운 이야기로 애써 덮으려 할수록 불편한 진실로 인한 아픔은 날카로워진다. 그래서 관념으로만 그럴듯한 이야기를 실제 진료 현장에서 권하기는 어렵다. 나는 무리한 용서 대신 '그 기억과 철저히 상관없어지는 것'을 이야기한다.

＊

트라우마는 그 자체로 고통을 줄뿐더러, 그동안 소중히 여기던 것들로부터 멀어지게 함으로써 삶을 황폐화하는 기전이 있다. 사람이 붐비는 지하철을 탈 수 없어 귀한 면접 기회를 포기하고, 웃는 얼굴로 담소를 나눌 자신이 없어 보고 싶은 이를 보지 못한다. 아픔은 끝이 아니라 시작이다. 그로 인해 사랑하던 것들로부터 단절된다. 진정한 트라우마는 외상적 경험 이후의 '영향력'으로 일어나며, 꾸준히 진행된다.

그래서 심리적 외상을 다룰 때 내가 가장 염두에 두는 것은 과거의 아픔이 현재의 소중하고 사소한 일상을 가리지 않도록 하는 것이다. 거대하고 압도적인 고통의 기억 앞에서 오늘 날씨의 포근함, 더운 날 아이스 아메리카노 한 잔이 주는 청량함, 기다리던 사람이 먼발치에서 보이기 시작할 때의 설렘 따위는 아무것도 아니게 여겨진다. 그 '그따위 것들이 아무것도 아니게 여겨지는' 지점이, 내가 가장 열심히 투쟁하는 지점이다. 나는 당신의 과거를 바꿀 능력은 없지만, 그 과거가 현실의 소중함을 앗아가는 지점에 대해서는 당신과 함께 격렬히 저항하고 싶다. 비현실적이고 형이상학적인 용서보다는 차라리 억울함과 분노가 괜찮다. 적극적으로 억울해하고, 가장 솔직하게 분노하기를 권한다. 단지 방향은 조금만 틀면 좋겠다. '왜 그런 일이 내게 일어났을까?'라는 분노를 '그 일도 억울한데, 왜 내가 그로 인해 오늘의 소중함마저 잃어야 하는가'로.

그러한 일이 당신의 삶에 존재했다는 이유로 오늘 읽는 책의 감동이 사라지지 않기를 바란다. 늘 곁을 지켜주는 강아지와 산책을 이어가기를, 언제나 그 앞에서는 울어도 되는 친구와의 약속을 취소하지 않기를. 그 아픔의 흔적이 감정적으로나 이성적으로 모두 정리되어야지만 비로소 생의 행복을 다시 추구할 수 있는 것이 아니다. 힘겨운 마음이 들 것이다. 그럼에도 우리는 당신의 삶이, 그 기억과 무관히 존재하고 또 이어지도록 할 것이다. 어떠한 트라우마가 있든 여전히 당신이 사랑하는 것들과 접촉하며 살아가길 바란다.

만약 내가 당신과 당신의 아픔에 대해서 이야기한다면, 그 기억이 자꾸만 떠오르고 다시금 마음을 흔들어놓는 현상 자체는 최선을 다해 함께 이해하고 안아줄 것이다. 그러나 그로 인해 소중한 일상으로부터 멀어질 수밖에 없음을 설명하는 논리는 단호히 거부할 것이다. '왜 지금처럼 살아갈 수밖에 없는지'를 연구하는 것이 아니라, '어떻게 바라는 대로 살아갈 수 있을지'를 함께 고민할 것이다.

보란 듯이 잘 살자는 것이 아니고, 무리해서 애써 용서하자는 것은 더더욱 아니다. 단지 내일도 당신의 하루가 열릴 테니, 그 하루가 그 아픈 기억과는 철저히 상관없는 일상이기를 기도한다. 그 아픔이 있기 훨씬 오래전부터 일상을 늘 함께해온 당신이 아끼는 것들 그리고 사랑하는 사람들이 있다. 그것들 그리고 그들은 당신이 상처를 바라보는 대신 예전처럼 자신을 바라봐주기를 묵묵히 기다리고 있다.

'힘들지 않기'야말로
가장 힘든 것

행복은 사치라며
버티기만 하는 당신에게

"선생님, 저는 행복 같은 건 바라지도 않아요. 그냥 힘들지 않을 수만 있으면 좋겠어요."

진료실에서 자주 듣는 말이다. 이러한 말 아래에는 행복은 바라도 얻기 어려운 반면, '힘들지 않은 것'은 그보다는 더 쉽고 덜 무리한 소망이라는 전제가 있다.

이 전제에서 행복은 비일상적이고 특별한 기쁨으로 간주된다. 이를테면 사업에 성공하거나, 짝사랑하던 상대가 나를 사랑하게 되거나, 건물을 여러 채 소유한 부모의 자식으로 태어나 아무런 걱정 없이 살 때 주어질 수 있는 사치품 같다. 혹은 그 정도까지는 아니더라도 먹고살 걱정은 없거나, 가족 관계는 원만하거나, 형편이 주위 사람보다는 더 나은 등 일정 수준 이상의 조건이 마련되어야 비로소 느낄 수 있는, 동경하지만 이루기는 쉽지 않은 꿈 같은 느낌이다.

힘들지 않은 것은 행복에 비해서는 일상적인 것으로 간주된다. 반대로 힘들다는 것은 불편한 사람과의 관계로 고민이 있거나, 취업에 반복적으로 실패하거나, 경제적인 어려움을 겪는 등 일상에서 벗어난 일들로 인해 주어진 비정상적이고 일반적이지 않은 상태로 여겨진다. 이러한 전제에 따르면 힘들지만 않으면 좋겠다는 것은 단지 일상적이고 '평범한' 상태로 돌아오는 것이 된다.

그러므로 힘들지 않기를 원하는 것은 행복이라는 '특별한 좋은 상태'를 바라는 것에 비하면 소박하고 검소한 바람으로 느껴진다. 그러나 마음을 공부하고 진료 경험을 쌓아가며 느낀 것은, 실제로는 '행복하기'보다 '힘들지 않기'가 훨씬 더 어렵고 또 무리한 소망이라는 것이다.

✳

인터넷 뉴스를 열면 부러울 것이 하나도 없을 것만 같은 유명 연예인들이 밀실에서 마약을 했다고 하고, 건강한 몸에 부까지 거머쥔 스포츠 스타가 일시적인 쾌락을 추구하다 추문에 휘말려 있다. 죽을 때까지 먹고살 걱정이 없을 이름난 전문가며 사업가가 정치판에 뛰어들어 아귀다툼을 벌이기도 하고, 금슬 좋기로 소문났던 유명인이 헌신적이고 현명한 배우자를 뒤로한 채 외도하다 파경을 맞기도 한다.

꼭 그렇게 대단하고 특별한 사람들의 예가 아니라도 마찬가지다. 정오의 번화가를 오가는 수많은 사람, 깔끔한 셔츠를 차려입고 사원증을 목에 건 채 웃으며 지나치는 이들이 겉으로는 번듯해 보일 수 있다. 그러나 그들 중 미래에 대한 막막함, 대인관계 고민, 과거에 겪은 아픔 같은 마음의 고됨이 티끌 하나만큼도 없는 사람을 상상하기는 어렵다.

학대의 상처, 사별, 트라우마는 물론이거니와 건강 악화, 노후에 대한 부담, 가족 간의 불화, 생계의 어려움… 마음의 평온을 위협할 수 있는 요소를 대자면 책 한 권을 가득 채워도 모자랄 정도다. 직장 동료들을 대하는 것이 어려워서, 가족들과 대화가 통하지 않아서, 심지어 날씨가 급작스레 스산해져서 같은 사소한 이유만으로도 얼마든지 고독하고 우울해질 수 있는 것이 우리의 마음이다. 스스로도 알아채지 못한 미미한 이유만으로도 우리는 쉬이 외롭고 공허하며 불안해진다.

따로 종교가 있는 것은 아니지만, 만약 조물주가 존재한다면 '굳이 태어나기를 선택한 적도 없이 세상에 던져진 우리를 왜 이토록 불행에 허덕이게 두십니까?'라고 항변하고 싶은 억울한 마음이 들기도 한다. 이 생을 살아가는 인간이라면 누구나 어느 시점에는 깨닫게 된다. 불완전한 것, 예측할 수 없는 것, 통제할 수 없는 것이 삶이다. 그리하여 심적인 고통이 흔하고 널리 퍼져 있음을, 그리고 '어느 정도의 불행이 일상적으로 존재하는 것'이 삶의 본질임을 알게 되는 것이다.

특별한 이야기는 아니지만, 내게도 딱 흔한 만큼의 고된 마음의 굴레가 있었다. 경제적 어려움이 가정의 지속을 위협하리라는 두려움, 오래된 관계가 파국으로 끝났을 때의 절망감, 공부든 맡은 일이든 잘 해내지 못하면 삶의 토대가 망가져버릴 듯 느끼는 불안 같은 것이었다. 그런 괴로움의 굴레에서 온전히 해방되고 싶다는 욕구가 나를 정신과로 이끌었는지도 모른다. 인턴을 마치고 과를 택하던 때의 마음을 돌아보면, 정신과 수련을 하면 생의 모든 고통에 통달해 평온에 도달할 수 있을 것이라는 무의식적인 기대가 있었다. 마치 니체가 이야기하는 초인이라도 될 수 있을 듯, 불편한 생각과 감정에서 해방될 수 있으리라는 희망을 품었다.

그러나 삶과 마음에 대해 공부하며 깨달은 것은 불행을 소멸시킬 수 있는 방법이 아니라, 이를 없앨 수 없다는 것이 왜 문제가 아닌지였다. 불편한 마음이 내가 잘못되었다거나 앞으로의 삶이 잘못되리라는 신호가 아니라 단지 모든 삶에 보편적으로 존재하는 일상적인 상태임을 이해한 것이다. 그리고 그것이 우리의 일부로 존재함에도 추구할 수 있는 나름의 행복에 대해 어렴풋이 알아가기 시작했다.

그러한 원리를 이해하며 나는 나를 힘들게 하는 요인을 없애려 하기보다는 조금 더 쉬운 일을 하나씩, 그 순간의 최선으로 행해가기로 했다. 가장 도달하기 어려운 '힘들지 않은' 상태를 추구하는 대신, '불편하고 버거운 것이 가득한 삶 속에서도 내가 원하는 것들, 나를 조금 더 나은 나로 인도하는 것들'을 찾고 또 추구하기로 한 것이다.

예컨대 열이 올라 칭얼거리는 아이를 밤새 돌본 후의 출근길이 졸리고 고될 수밖에 없지만, 그래도 첫 환자를 만나기 전에는 거울을 보고 미소를 괜히 지어본다. 개원 초보다 2.5배 이상 급등한 대출이자에 몇 년 치 수입에 달하는 채무 상환과 세금 납부 시기가 겹쳐 어떻게 슬기롭게 통장의 위기를 극복할지 고민하는 날일지라도, 오는 일요일에 모처럼의 가을 나들이로 가창 카페의 은행나무를 보러 갈지, 첨성대에 만개한 핑크뮬리를 보러 갈지도 함께 떠올려본다. 걱정되는 환자에 대한 고민을 애써 무시하는 대신 연구 집담회 증례 토의에 참석한다.

저출생, 무출산 시대를 살아갈 아이들의 예측할 수 없는 미래가 걱정될 때는 기부든 저작이든 강연이든 좀 더 나은 세상을 만들어나갈 수 있는 나름의 방법을 이어가본다. 주식이며 부동산으로 부모에게서 평생 먹고살 걱정 없는 시스템을 물려받은 부유층에 대한 기사를 접하며, 마냥 고된 삶을 시작하게 하는 것만 같은 원초적인 미안함이 아이들에게 들 때도 있다. 그럴 때는 어떻게든 시간을 내어 놀이공원에 데려가서 소소하고 소중한 행복을 쌓아가는 것이 삶임을 느끼게 해주려 한다.

＊

나와 진료를 이어가는 환자들의 변화 역시 그런 것이다. 지난한 이혼 소송 과정에 있는 이는 결혼 전의 추억이 가득한 카페에 처음으로 혼자 들러 소박한 평온을 느껴보고, 때때로 죽고 싶은 마음이 드는 이는 여행 일정을 계획하고 차분히 준비하여 꼭 가보고 싶었던 여행지를 찾는다. 수십 번의 면접 결과가 시원치 않아도 또 그다음의 면접을 준비하는 이도 있다. 소송에 승소해서, 죽고 싶은 마음이 사라져서, 바라던 대로 시험에 통과해서 그러한 순간이 가능해지는 것이 아니다.

'지금 그딴 것들이 뭐가 중요해' '아무리 노력해봤자 결과는 뻔할 거야' '앞으로도 네게는 이런 불행이 찾아올 수밖에 없어' 하고 끊임없이 두렵고 불편한 느낌이 밀려오더라도, 필요하다면 약의 도움을 받더라도, 우리는 지금까지 그래왔듯 앞으로도 꾸준히 우리에게 의미 있고 가치 있는 것과, 그것을 실현할 수 있는 소소한 일상을 건져낼 것이다.

그러한 원리를 따라가는 동안, 자신이 사랑받을 수 없는 이유를 되새기던 환자가 스스로에게 음악 한 곡만큼의 여유를 선물할 수 있게 된다. 이혼으로 아이에게 돌이킬 수 없는 불행을 안겨주었다는 자책만 반복하던 환자가 아이가 가장 좋아하는 과자 공장 견학 방법을 찾아 다녀왔다고 사진을 보여준다. 하나하나가 불행 속에서 피어난 들꽃 같은 기적이다.

행복 같은 사치는 바라지도 않으니 힘들지만 않으면 좋겠다는 그 간절한 기도가 잘 듣지 않았던 이유는, 실은 '힘들지 않으면 좋겠다'는 것이야말로 사치요 욕심이었기 때문이다. 진심이 부족해서가 아니라, 불행은 삶의 본질이자 일부일 수밖에 없으므로 그 기도는 애초에 작동하기 어려웠던 것이다.

어찌할 수 없는 것을 어찌할 수 없다고 이해하고 또 안아주기 시작하면, '어찌할 수 있는 것'들이 보이기 시작한다. 불안이 멈춰야 비로소 행복의 여지가 시작되는 것이 아니다. 불행이 일상처럼 함께하더라도, 그래도 생은 살아볼 만하다고 느끼게 해주는 작은 의미들을 모으는 것이 우리에게 허락된 행복의 원리다.

지금 버겁고 슬프고 지친 당신에게도 꼭 그러한 순간이 깃들기를 바란다. 불편하고 힘든 것을 어서 사라지게 해야 한다는 무리한 부담과 강박은 마음에서 덜어냈으면 좋겠다. 그리고 그 여유만큼만 당신이 사랑하는 풍경을 찾아 나서거나, 늘 미루어왔던 하고 싶은 일을 다시 시작해보거나, 흔들렸던 시간 내내 당신을 지켜봐준 소중한 이에게 고맙다는 말을 전해보기를 권한다. 불안한 그대로 나름대로 소중한 순간들, '불행한 나의 행복'이다.

글을 쓰는 이 순간, 창밖에는 글쓰기에 몰입을 깨트리지 않을 정도로만 비가 내리고 있다. 늦은 가을이라 습하지 않게 빗줄기의 질감이 전해진다. 어울리는 음악을 이 순간에 꼭 덧입혀주고파 고민하다 유튜브에 '비 내리는 날 어울리는 재즈 음악'을 검색해본다. 이름 모를 타인의 취향이 충분히 귀에 달다. 이토록 사소한 기쁨과 설렘, 행복도 가능한 것이 삶이다. 이를 느끼며 새삼스레 완벽하게 괜찮은 순간, '행복할 필요까지는 없으니 불행하지는 않은 순간' 따위는 없다는 것을 실감한다. 어차피 살아오는 내내 그랬던 것처럼, 불행할 테면 불행해보라지. 그럼에도 앞으로도 내게는 재즈 한 곡, 무던히 비가 내려앉는 늦가을 밤의 선선함, 한 줄 한 줄 쌓여가는 글의 운치도 늘 함께할 테니.

수없이 깨져왔을 삶의 그릇이
피워낸 아름다움

인생이 무참히 망가졌다고
생각하는 당신에게

삶이란 불행하기는 너무도 쉬운 반면 행복하기는 참 어렵다
는 생각이 들 때가 있다. 불행의 최전선에서 사람들을 만나는
정신과 의사라서 더 그런지도 모르겠다. 차근차근 행복을 쌓
아 올리기 위한 조건은 여러모로 까다로운 데 반해, 우리를
불행하게 할 만한 요소들은 마치 지뢰밭의 지뢰처럼 삶 곳곳
에 숨어 있다.

　예컨대 우리나라에서 '꽤 괜찮은 삶'을 사는 것은 만만치
않다. 사랑을 아는 부모를 만나, 따돌림당하는 아픔 없이 성
실하게 학창 시절을 보내고, 원만한 대인관계를 형성하며 한
사람 몫을 해내는 사회인으로 거듭나, 평균 이상의 임금을

받으며 노후를 대비할 수 있어야 한다. 세간의 인식에 따르면 그 정도는 되어야 겨우 '나쁘지 않은' 삶이 완성된다.

반대로 살아가며 믿고 있던 가치체계가 완전히 깨어지는 경험, 인생의 근원적인 토대가 흔들리는 경험을 하기는 너무도 쉽다. 부모의 학대, 육체적·성적 폭력, 불의의 사고 또는 질병과 그로 인한 신체장애, 전세 사기, 투자 실패, 직장 내 괴롭힘, 가정불화, 노후 준비의 어려움, 자식과의 관계 단절… 누구에게든 얼마든지 일어날 수 있지만, 어느 하나도 가벼운 것 없이 삶이 송두리째 뒤흔들 수 있는 일들이다.

그러한 상황을 목도하고 인내하는 과정에서 현실적인 어려움 이상으로 우리를 힘들게 하는 것은 스스로와 삶에 대한 인식의 붕괴다. 그동안 믿고 있던 인생의 공식이 완전히 어긋나, 마치 나 자신과 삶이 송두리째 무너져내리는 듯한 느낌이다. 패닉이자 아노미다. 비유하자면, 삶이 깨진 도자기처럼 산산조각나 어떻게 해도 원래대로 돌아가지는 못할 것이라는 두려움이다. 혹은 스스로가 애초에 태어날 때부터 깨진 그릇이어서 온전한 적이 없었다는 막막함이기도 하다. 아무리 고뇌하더라도 그 깨진 조각들을 맞추어 안온한 삶으로 돌아갈 수는 없을 것이라는 절망에 압도된다.

진료실에서 환자들의 그러한 순간과 감정을 마주할 때마

다 떠오르는, 수용전념치료에서 삶을 표현하는 비유가 있다. 깨진 잔을 옻으로 결합한 뒤 금으로 장식하는 공예, 킨츠기 예술 이야기다.

✳

'킨쇼'은 일본어로 '금', '츠기継ぎ'는 '잇다'라는 뜻이다(외래어표기법에 따른 정확한 표기는 '긴쓰기'지만 흔히 '킨츠기'로 알려져 있다). 일본의 한 장군이 진귀한 찻잔을 선물받았다. 평소 예술에 조예가 깊던 그는 이를 매우 아꼈으나 실수로 깨뜨려버리고 말았다. 그는 당대에 기술력으로는 제일이었던 중국에 보내 잔을 수리하게 했다. 그러나 중국의 장인들은 단지 조각을 균열대로 이어붙이고 금속으로 고정했을 뿐이었다. 실망한 그는 이번에는 깨진 도기를 전문으로 수선하는 일본의 장인에게 맡겼다. 그 장인은 단순히 '원래대로 복원하기 위해' 최선을 다하는 대신, 균열도 온전히 포용할 수 있는 금실의 흐름으로 잔을 이었다. 이윽고 탄생한 잔은 단순히 원래대로 돌아간 것이 아니라, 전혀 다른 아름다움을 품은 채로 다시 태어났다.

이 잔 하나에 수용전념의 마음이 고스란히 담겨 있다. 어떻게 우리가 삶의 상처와 고됨을 이해하고 또 수용할지, 그리하여 불완전하고 아프기도한 삶이 어떻게 이토록 아름다울 수 있는지를 알려준다.

타고난 외모가 수려하고 성품이 무난해서 관계에서 거절의 상처를 단 한 번도 경험하지 않은 사람이 있을지도 모른다. 대를 이어 물려받은 사업이나 부동산 같은 것이 있어서 돈 걱정 한 번 안 해본 사람도 존재할 것이다. 마음먹은 일들이 모두 승승장구한 덕분에 실패라는 개념 자체가 익숙하지 않은 이들도 살다 보면 가끔 만나게 된다.

일생 동안 한 번도 금이 간 적 없이 마치 온실 속 화초처럼 살아가는 사람들. 나는 그러한 이들을 보면 어쩐지 갓 탄생하여 미세한 균열 하나도 없는 새 도자기 같다는 느낌을 받는다. 그 온전함이 아름답다기보다는 비현실적이고 이질적이다. 그들의 태평함과 해맑음이 부러울 뿐, 특별한 아름다움이나 깊이가 느껴지지는 않는다.

좀 더 일반적인 인생은 어떨까. 우리 대부분은 특별히 물려줄 것은 없지만 최선을 다해 노력한, 그러나 빠듯한 일생을 보낸 부모 아래에서 자란다. 모종의 이유로 그런 보금자리가 존재하지 못했거나, 차라리 보호자가 없는 것이 더 나았을지도 모르는 학대의 아픔 속에서 성장하는 것도 보통 인생이다.

경제적으로 여유가 넘쳐 입시나 구직 활동 결과가 어떻

게 되든 상관없는 이들보다는 그 하나하나에 인생의 모든 것을 건 듯 절박한 이들이, 마음만 먹으면 대인관계를 원하는 방향으로 선택하고 이끌어갈 수 있는 사람들보다는 서로 오해하고 질시하고 노심초사하며 말 한마디 행동 하나를 결정하는 데도 어려움이 가득한 사람들이 아무래도 조금 더 흔할 것이다.

특출난 운을 타고난 것이 아니라면 우리네 인생은 마냥 합리적이거나 합당한 쪽으로, 도덕적으로만 이루어지지 않는다. 인간이 도덕과 이성을 이야기하고, 노력에 합당한 보상을 받을 수 있기를 바라고 또 강조하는 것은, 실은 삶이 그렇게 순리대로만 이루어지지 않기 때문이다. 때로 삶은 불공평하고 비도덕적이고 비합리적이며, 갈등과 억울함, 오해의 연속이다.

애초에 온전하다, 완벽하다는 것은 그 자체로 깨질 수 있는 가능성을 내포한다. 도달하기 쉬운 삶, 얻기 쉬운 것들을 굳이 원하지는 않는 법이다. 당신이 누군가를 사랑한다고 하여 그들이 반드시 당신을 사랑하기는 어려운 것도 삶의 당연한 일면일지도 모른다. 그렇게 되기 어렵기 때문에 간절히 바라는 것이므로, 원리적으로 우리가 바라는 것들이 모두 이루어지기는 힘들다. 예측할 수 없는 불행한 우연이 일어나는 것은 덤이다. 마치 우주의 엔트로피는 증가한다는 것을 증명이라도 하듯 당신이라는 삶의 그릇은 수없이, 무참히 깨져왔을 것이다.

그러나 삶은 그 아픔을 통해 끊임없이 해체되고 또 재구축된다. 겉으로는 한 점 상처나 그늘도 없는 것처럼 느껴지는 이들도 깊은 이야기를 나누다 보면 의외로 그만의 슬픔을 간직하고 있음에 놀랄 때가 종종 있다. 일상적인 균열과 이를 통해 깊어진 통찰이야말로 특별하고 또 아름답다. 그가 그토록 깊고 진중하면서도 따뜻한 통찰에 도달할 수 있었던 것은 그 아픔이 있었기 때문일 것이다. 그만의 특별함과 아름다움은 그 아픔의 조각들의 틈새를 메운 금실의 무늬 덕분일 것이다.

＊

이렇듯 삶의 아름다움이란 때로는 깨어지는 아픔도 존재할 수 있음을 있는 그대로 이해하는 것으로부터 시작된다. 그 균열을 나름의 금실로 하나하나 다독이며 더욱 의미있고 아름다운 삶을 엮어가는 과정 그 자체에 삶의 의미와 아름다움이 숨어 있다.

그러한 비유를 기억하며 나는 진료실에서 종종 만나게 되는, '그러므로 불행이 반복될 수밖에 없다'라는 결론을 거부한다. '미래를 어떻게 알겠습니까?'라는 문장이야말로 언제나, 어느 순간에나 정답이 된다. 어느 시점에서든 미래는 알수 없고 결정된 것이 아니기에 그 아픔이 '앞으로도 그렇게 불행할 수밖에 없다'는 이유는 되지 못한다.

당신의 삶은 얼마나 무참히 깨어져 있는지. 혹시 당신은 깨어지기 전의 평온만을 그리워하며 흩어져버린 잔의 조각을 붙들고 슬퍼하고만 있진 않았는지. 무엇보다도 나는 먼저 그 날카로움에 베인 상처를 위로하고 싶다. 그동안의 깨어지는 과정이 아프지 않았다거나, 이미 지난 일이므로 무의미하다는 것이 결코 아니다. 다만 나는 깨어진 컵의 모양이 어떠한지, 상처가 얼마나 치명적인지, 왜 원래 상태로 돌아가기 힘든지에 골몰하는 대신, 아직은 예측할 수 없으나 앞으로 만들어갈 수 있는, 세상 누구도 믿지 못하는 새로운 아름다움을 상상하고 싶을 뿐이다.

그러한 관점으로 나는 나를 찾는 이들과 함께 금실을 자아낼 것이고, 약의 도움을 받아서든 면담을 통해서든 그 실을 삐뚤빼뚤 붙여나가며, 또 깨어지더라도 언제고 다시 붙여나가는 과정을 응원할 것이다. 좌절할 줄 알면서도 기대하고, 실패할 줄 알면서도 시도하는 것에 힘을 보태는 일이 나의 업이다. 그렇게, 그럼에도 불구하고 우리만의 '킨츠기'를 함께 만들어갈 것이다.

어떻게 하는 것이 정상으로 돌아가는 것인지, 어떻게 해야 균열 이전의 상태로 회복될지에 대한 이야기가 아니다. 온전히 지금의 나, 살아온 모든 기억도 아픔도 아우르는 내가 앞으로 만들어갈 수 있는 삶이란 어떤 것일지에 대한 이야기다. 한 번뿐인 삶이라면 어떻게 살아가고 싶은지, 어떤 모양의 나만의 아름다움, '금실 잔'을 만들어가고 싶은지.

당연히 나에게는 당신의 '킨츠기'를 설계하거나 강요할 능력도, 권리도 없다. 단지 오늘만큼의 조각은 어떻게 이어가볼지, 오늘의 어떤 순간을 금실로 삼을 수 있을지를 함께 고민할 뿐이다.

'깨지지 않은 잔과 같은 삶' '한 점 상처 없는 편안한 마음'이란 존재할 수 없는 허상이다. 모든 삶은 깨어진다. 다만 깨진 조각을 보며 더럽고 위험하다 손가락질할 때도, 누군가는 금실로 엮어질 아름다움을 떠올린다. 당신의 절망이 조각난 잔해로 남겨질지, 다른 누구도 구상할 수 없는 당신만의 아름다운 킨츠기로 피어날지 역시 지금, 여기, 그리고 앞으로의 당신에게 달렸다.

그렇게 당신이 당신에게 소중한 것들을 떠올리고, 그런 당신을 늘 기다려준 사람들을 떠올리고, 미루어왔던 일들을 비로소 다시 시작하기를 기대한다. 오늘도 당신의 하루가 '아름다울 남은 삶'을 위한 지금 이 순간의 금실을 엮어가는 시간이 되기를 바라본다.

험난한 세상 한가운데
스스로를 격려하는 방법

진료를 보다 보면 속된 말로 '질리는' 부모상이 있다. 당연한 이야기를 대단한 조언처럼 반복하는 이들이다. '이제는 취업해야 한다' '지금 시기를 놓치면 결혼하기 힘들다' '그렇게 집에만 있을 바에는 나가서 뭐라도 해봐라'… 따뜻하게 조언하는 투라면 그나마 다행이다. 대부분은 이대로 살다간 몇 년 안에 인생이 망해버릴 것처럼, 미래가 끔찍해질 수밖에 없을 것처럼 격하게 불쾌한 감정을 잔뜩 쏟아낸다.

×× 의 경우도 마찬가지다. 나의 기준에서 그는 더 생각나는 방법이 없을 정도로 노력하고 있다. 좁은 취업의 문을 두드리면서 생활비와 학원비를 마련하기 위해 파트타임 업

무를 하고, 스펙을 위한 자격증 공부를 병행하며, 스터디그룹에 들어가 면접을 준비하고 엑셀로 지원 일정을 정리하며 꾸준히 노력해왔다. 그런 그에게 어머니는 "도대체 왜 내가 너 때문에 친구들 모임에서 기가 죽어야 하느냐!"라고 말한다. 친구들의 자식들은 번듯한 직장에 다니고 부모 용돈을 챙겨주거나 손주 사진을 보내준다는데, 그런 이야기를 나눌 때 본인은 할 말이 없다는 것이다.

취업이든 결혼이든 쉽게 주어질 결과였다면 온 가족이 달라붙어 고민하고 걱정할 이유가 없지 않을까. 쉽게 이루어질 수 없는 목표이기에 그는 꾸준히, 자신의 나이에 알맞게 문을 두드리고 있다. 그러나 어머니는 그것을 어렵다기보다는 당연한 일로 여기며, 그 '당연하고 정상적인' 것이 잘되고 있지 않으므로 그의 삶은 문제투성이, 지적할 것투성이라 인식한다. 위로는 안도와 나태로 이어질 수 있으니 사치이며, 따끔한 일침으로 '정신 차리게 만들어야 한다'는 불안과 강박이 어머니의 말속에 가득하다.

그렇게 그는 최선을 다해 한 주를 살아가다 예상할 수 없는 날카롭거나 둔탁한 말에 찔리고 부러지면 병원을 찾는다. 창상과 골절상을 치료하는 정형외과 의사가 늘 똑같은 곳을 다쳐서 오는 환자를 보는 느낌이다.

그렇다면 어머니가 그를 대하는 방식은 기대하는 대로 자극과 깨달음을 주어 의미 있는 변화로 이어질까. 현실은 반대인 것 같다. 오히려 어머니의 파상공세를 경험할 때마다 그에게는 일상을 멈추게 하는 무기력, 모든 것을 무의미하다고 느끼게 하는 우울이 밀려온다. 차라리 그러한 말이 없었다면 아마도 그는 한 시간이라도 더 시험 공부를 하거나 면접 연습을 위한 스터디에 몰두했을 것 같다.

그는 태어나기를 선택한 적이 없고, 그러한 부모 아래에서 태어나기를 고른 적도 없다. 부모의 불안을 잠재우기 위해 태어난 것은 더더욱 아니다. 단지 세상에 던져졌고, 그럼에도 나름의 삶을 최선을 다해 살아내고 있을 뿐이다. 누구보다 스스로가 가장 간절히 원할 결과가 아직은 주어지지 않았다는 것이 이유라면 그에게 가해지는 비난은 부당하고 가혹하지 않을까.

그의 삶이 불성실하며 그릇된 방향으로 이어지고 있다는 우려가 들었다면 나 역시 필요한 조언을 고민했을지도 모른다. 그러나 나의 기준에서 그는 그의 최선을 이어가고 있었다. 단지 지금까지는 결과가, 그렇지 않아도 평균치며 기준점을 잔뜩 올려놓은 세상의 시선에 그럴듯해 보이지 않았을 뿐이다.

그래서 나는 분석하고 지적하는 대신 응원하기로 했다. 약을 처방하고, 누적된 우울과 불안 증상이 만들어내는 왜곡되고 과도한 부정적인 생각을 다루고, 수용할 것과 전념할 것을 구분하며 하루를 살아낼 힘을 쌓도록 돕기로 했다. 매번 비슷한 형태의 상의라도, 수백 번 반복이 필요하다면 수백 번 이야기해도 된다고 환자에게 이야기했다. 그의 삶에서 뭐가 어떻게 잘못되었는지를 수백 번 이야기하는 사람은 많았으나, 그가 자신의 삶에 얼마나 진심이었고 또 지금도 최선의 노력을 이어가고 있는지를 이야기해주는 사람은 단 한 명도 없었던 것 같다고, 그래서 나는 그 균형을 맞추려 노력할 것이라 이야기했다.

상처받아 모든 것을 그만두고 싶을 때면 우리는 그가 어떤 것을 추구했는지, 꿈꾸던 독립된 삶과 행복이 어떤 형태였는지, 그리고 그가 그 과정에서 얼마나 진심이었는지를 다시 상기했다. 그리고 또다시 한 주가 시작되었음을 이야기하고, 쉽진 않지만 지금 할 수 있는 최선을 다해보자 함께 다독이곤 했다.

그렇게 그는 하루를, 한 주를, 1년을 살아냈다. 진료를 받은 지도 2년이 넘었다. 새해가 되기 한 달 전 그는 처음으로 정규직 직장에 합격했다는 소식을 전해왔다.

　여전히 정신과 진료실을 찾기까지 넘어야 할 편견은 무수히 많다. 그런 장애물 중 하나가 '이 정도는 다 힘든 거 아닌가?'라는 인식이다. 정신과의 문턱이 낮아졌다지만 여전히 "조금 힘들어서 와봤어요"보다는 "몇 년 전부터 힘들긴 했는데 견디다 도저히 안 되겠어서 왔어요"라고 이야기하는 환자가 더 많다.

　신체적 질환은 큰 병이 되기 전에 빨리 찾아내 치유하는 것을 당연시하면서도, 유독 심적인 고통은 버틸 수 있을 때까지 버티는 것을 미덕으로 여기는 아이러니다. 최근 통계상 우울증 진료 건수가 늘어나고 있다고 한다. 현장에서 느끼기에는 사회가 갑자기 병들어가는 것이라기보다는, 진작 진료가 필요했던 이들이 정신과 진료에 대한 사회적 인식 개선에 따라 비로소 병원을 찾는 것이 아닌가 한다.

　가족 간의 불화, 취업 고민, 미래에 대한 두려움, 없을 수 없는 직장 내 갈등… 스스로는 분명 고통스럽고 어렵지만, 세상 누구보다도 특별하게 힘들다고 하기에는 일상적인 아픔이다. 차라리 극단적인 학대의 피해자라면, 태어날 때부터 부모의 존재를 모른 채 살아왔다면, 불치병을 앓는 가족을 돌봐

왔다면 힘들 만하다고 스스로도 세상도 납득할 것 같다. 이렇듯 힘든 마음 자체 못지않게 우리를 괴롭히는 것은 '내가 충분히 힘들 만한가?'라는 스스로에 대한 평가다.

우리는 스스로를 위로하기 전 늘 평가 과정을 거친다. 이것은 힘들다고 할 만한 일인가? 남들보다 유달리 고통스럽다고 할 만한 지점이 있는가? 스스로가 유난스럽고 예민한 것은 아닌가? '이 정도면 나도 참 힘든 거야' 하고 한마디 건네는 것조차 세상의 기준에 입각해 눈치를 보게 된다.

당신이 살아오며 힘든 순간마다 어떤 이야기를 들어왔는지, 그리고 스스로의 마음을 어떻게 대해왔는지를 돌아보면 좋겠다. 세상은 위로랍시고 따뜻한 말투로 '그 정도는 남들도 다 힘들어'라고 이야기한다. 그 말은 위로가 될까. 가만히 듣고 있으면 위안이 되고 힘이 날까. 그보다는 당연한 아픔도 견디지 못하는 스스로에 대한 자괴감이 더 쌓이지는 않을까.

남들도 다 힘들다. 그래서 나와 너 모두를 위로하고 다독이는 사람도 있고, 그러한 사실이 나와 너 누구도 위로할 수 없는 이유가 되는 사람도 있다. 힘든 마음에 객관적인 지표나 옳고 그름은 존재할 수 없다. 그리고 어느 삶에도 그 삶에 따르는 불안과 좌절이 존재한다. 세간의 평가를 뒤로하고, 당신이 당신의 삶에서 풀어가기 힘든 과정으로 인한 고통에 시달리고 있다면 그것만으로 위로받고 격려받을 자격은 충분하다.

스스로에 대한 일침이나 비난은 어려움에 처한 원인을 분석하고 해결책으로 나아가고자 하는 자연스러운 시도다. 그러나 실제 삶에서 이러한 접근이 '실효적인' 경우는 잘 없다. 삶의 고통은 원인이나 방향을 몰라서라기보다는 나아갈 방향에 대한 확신이 들지 않아서, 원하는 결과가 무조건 주어질 수 없다는 당연한 불확실성이 존재해서이기 때문이다.

예컨대 '앞으로 어떻게 살아가야 할까'라는 화두에 대해, 방향을 정하지 못하고 두려워하는 나 자신이 얼마나 문제가 많고 잘못되었는지를 지적하고 깎아내리는 것이 의미 있는 변화에 도움이 될지는 의문이다. ××의 어머니가 ××를 대한 방식처럼, 오히려 바라는 것들을 추구할 힘마저 잃게 할지도 모른다.

합격 가능성이 보여 어떠한 시험 공부에 매진하고 있다면, 불확실한 결과가 불안해도 내일 하루만큼 공부할 수 있는 힘이 필요할 것이다. 반대로 오래 누적된 실패 경험으로 보아 이제는 다른 방향을 선택해야 하는 시기라는 생각이 든다면, 과감히 가보지 않은 길을 선택할 수 있는 용기가 필요하다.

그 어느 쪽을 위해서도 무작정 하는 비난은 도움이 되지 않는다. "너는 이대로 가면 인생이 망가질 수밖에 없으니 빨리 다른 방법을 찾아내야 해, 정신 차려야 해!"라는 압박과 "충분히 고생이 많았지만 원하는 결과는 주어지지 않았으니 다른 선택을 할 용기를 내보는 건 어떨까"라는 격려. 같은 의도라도 말은 다르다. 내일 아침 눈을 떴을 때 어떤 방향의 생각과 관점이 스스로에게 짐이 되거나 힘이 될까.

덮어놓고 듣기 좋은 말, 편안한 말을 스스로에게 건네자는 것은 아니다. 오히려 스스로에게 지나치게 비판적이진 않은지를 돌아보자는 것이다. 내가 어떤 면에서 잘못되었는지 혹은 앞으로 잘못될 수 있는지에 몰입하기는 쉽지만, 그간 고생 많았다고, 쉽지 않은 삶을 잘 살아내고 있다고, 비록 지금 결과가 미진하긴 하지만 노력만큼은 진심이었다고 격려해주기는 어렵다. 그래서 균형을 맞추자는 것이다.

'인생이 잘 풀리지 않는 것은 세상 탓이다'라는 이야기로 애써 비난의 화살을 돌리려는 것도 아니다. 마치 그러한 비난을 경청하지 않으면, 스스로의 고생을 알아주고 표현하면, 세상 탓만 하는 불성실한 사람으로 여기는 프레임 자체를 거부하는 것이다. 삶에서 잘 풀리지 않는 순간은 존재할 수밖에 없다. 그러한 상황을 두고 세상이든 나 자신이든 꼭 누군가 잘못한 사람, '범인'이 반드시 있을 것이라고 여기는 가정도 거부한다. 단지 삶을 살아내고 의미를 추구하는 과정에서는 어려움도 만난다는 것, 그 어려움으로 인한 고단함은 다독여주면 좋다는 당연한 이야기를 하고 싶다.

나는 옳고 그름을 구별하려는 것이 아니라, 당신을 실제로 당신이 원하는 삶으로 인도할 말과 관점이 무엇인지를 고민하려는 것이다. 다르게 생각해보자. 고생 많다고, 잘해보자고 다독인다고 해서 우리가 안심하고 삶을 포기할까? 몰아세우면 몰아세울수록 더 열심히 할까? 실제 삶에서는 늘 반대로 작용해왔다. 숨통을 틔워 살게라도 해주는 것이 위로다. 그나마 삶을 이어가게 도와주는 것은 소소하지만 소중한 것들이다.

＊

돌아보면 나를 가장 지긋지긋하게 괴롭혔던 것은 다름 아닌 나 자신이었다. 객관적으로, 사회적으로 나의 삶이 얼마나 성취를 이루었는지와는 전혀 관계 없는 지극히 주관적인 괴롭힘이었다. 나 자신보다 나를 잘 아는 사람은 없기에, 겉으로 보이는 것과 상관없이 어떤 취약점이 있고, 어떤 부끄러운 성격과 과거가 있는지도 누구보다 스스로가 잘 알고 있다. 내가 나를 미워하기 시작하면 그보다 더 무서운 비난과 혐오도 없다. 어느 누구보다 냉철하게, 또 날카롭고 아프게 스스로를 비난할 수 있는 것이 나 자신이다. 그때의 마음을 되돌아보면 최대한 나 자신의 부족함을 일깨우고 스스로를 몰아세우는 것, 조금의 허점도 용납하지 않고 내 삶이 잘못될 수 있는 여지에 대비하도록 다그치는 것이 나를 위하는 길이라는 오해가 있었다. 그리고 그 오해는 결국 삶에 대한 혐오와 극심한 번아웃으로 이어졌었다.

아이러니하게도 나 자신과 화해하고 나서 나는 더욱 열심히 살아간다. 어떻게 내가 잘못되어 있는지, 혹은 잘못될 수밖에 없는지를 고민하고 두려워하며 소진하던 마음의 여력을, 스스로의 삶과 소중한 것들을 위한 노력으로 돌릴 수 있게 되었기 때문이었다.

나도 당신도 스스로의 삶에 최선을 다하고 있다. 다른 모든 이도 마찬가지다. 그럼에도 세상은 순리대로, 상식대로만 돌아가지는 않는다. 시험 당락이 노력의 순서로 결정되는 것은 아니다. 왜 그런지는 알 수 없으나 세상의 원리는 그렇다. 우리에게 필요한 것은 그러한 삶의 과정에서 끊임없이 최선을 고민하고 또 이어갈 수 있는 힘이다.

위로마저 받을 만한 자격이 있는지 따지는 세태에서 우리는 스스로에게 오늘 하루 살아내느라 고생했다는 말 한마디 건네는 것조차 눈치를 본다. 이 정도면 힘들 만하다는 기준이 있다는 생각부터가 함정이다. 살아 있다는 것만으로 당신은 충분히 수고롭다. 나는 당신의 그 일상적인 수고로움을 위로하고 응원하고 싶다. 적어도 위로와 격려의 자격을 논하지는 않으면 좋겠다. 살아가는 고됨을 감내하는 우리 자신에 대한 최소한의 권리이자 예의다. 말 한마디, 생각 하나, 행위 하나도 '실제로' 당신을 위하는 것이면 좋겠다. 확신이 없는 하루하루를 내딛느라 고생하는 우리 모두에게 필요한 것은 불안한 다그침이 아니라, 우리가 바라는 삶을 향해 한 발 더 내디딜 용기를 줄 힘과 위로, 따뜻함이니.

남은 이야기

언어의 감옥에서
빠져나오기

"인생은 불행의 연속이다."

"결코 사람을 믿어서는 안 된다."

누군가가 대인관계에서 트라우마를 경험했다고 가정하자, 과거의 혐오적인 경험과 미래의 잠재적 위협을 피하고 싶은 그의 본능은 그러한 경험의 결과물로 '대인관계는 위험하다'라는 문장을 형성한다. 그로 인해 시작된 회피는 실제 관계의 불편감을 점차 증폭한다. 중요한 모임에 불참하거나, 호의를 가지고 접근하는 사람들의 연락을 피하게 된다. 자연스러운 업무상 협업에 참여하는 것이 어려워진다. 그 한 문장의 영향이 자꾸만 증폭되어간다. '나는 타인에게 환영받지 못하는 사람, 사랑받지 못하는 사람'이라는 문장의 타당도는 자꾸만 증가한다.

언어는 삶을 축약해 효율적으로 이해하고, 직접 경험하지 않은 일을 간접적으로 접하게 해주는 순기능이 있다. 이를 통해 인간은 복잡한 삶을 간결화하여 이해하고 또 미래를 예측한다.

그러나 현대를 살아가는 인간은, 앞의 예시처럼 오히려 언어의 기능으로 인한 함정에 빠진다. 이는 위험 회피본능 때문이다. 생존 확보를 중요시하는 본능은, 위협에 대해서는 최대한 단순한 생각, 직관, 문장을 형성한다. 만약 원시시대의 인간이 '덩치가 나보다 1.5배 이상 크고 이빨과 발톱이 날카로우며 나에게 공격적인 자세를 취하고 있는 것이 분명한 동물이 3미터 이내 거리로 접근했을 때'와 같은 원칙으로 포식자를 평가하고 있다간 이내 잡아먹혀버릴 것이다. 그보다는 '실체가 확인되지 않은 큰 물체가 나에게 다가올 때'는 무조건 회피해버리는 것이 생존에는 이득이다.

이러한 본능이 언어와 결합되면 회피본능에 부합한 지나치게 단순한 언어적 원칙을 형성하게 된다. 그렇게 형성되는 언어와 문장은 복잡한 현대사회의 미묘한 맥락을 담기에는 지나치게 투박하다. 살아남기 위해서는 단순한 언어가 유리하지만, 복잡다단한 현대사회의 미묘한 맥락을 고려해 최적의 결과를 도출하기에는 불리한 것이다.

만약 앞의 예시처럼 관계에서 겪은 트라우마가 '사람은 믿을 수 없는 위험한 존재다'라는 문장을 창출하고, 그것이 기능하며 모든 대인관계를 회피하게 한다면 어떻게 될까. 친구나 연인처럼 나를 이해해주고 사랑할 수 있는 사람, 면접관이나 은사처럼 내게 기회를 줄 수 있는 사람도 모두 회피하게 된다.

회피의 무서움은 한 번 형성된 언어적인 관념이 수정될 수 있는 새로운 맥락의 경험을 아예 차단한다는 데 있다. '나는 절대 사랑받지 못하는 사람'이라는 언어와 융합된 이는 자신을 아껴주고 따뜻이 대해주는 사람을 이해하지 못하거나, 무언가 다른 의도가 있어서 친절을 베푸는 것이라고 경계할 수 있다. '나는 뭘 해도 실패하는 사람'이라는 문장과 융합되어 있다면, 지금 여기에서 충분히 시도할 수 있는 다음 단계의 시도조차 회피할 가능성이 있다.

그렇게 기존의 문장은 더욱 강화된다. 삶의 복잡미묘한 맥락을 스스로의 언어라는 필터를 통해 이해하고, 그렇게 형성된 문장을 있는 그대로 믿어버린다. '나는 결코 어떤 일도 성공적으로 해낼 수 없다'는 문장이 확고하게 자리 잡은 사람이 새로운 일을 시도하기는 쉽지 않다. 내가 떠올린 부정적이고 비실효적인 회피를 부르는 문장이 나 자신이 되어버리고,

그것이 삶을 더욱 어렵게 하는 악순환이다.

그러한 언어의 함정에서 벗어나자. 마음속에서 자신도 모르게 스스로를 옥죄는 문장을 살펴보고, 그 비기능성과 비실효성에서 자유로워지자. 당신은, 당신이 언어적으로 정의하는 당신보다 훨씬 더 큰 사람이다.

1. 당신이 불행할 수밖에 없다고 생각하는 이유의 논리구조를
   '그러므로'에서 '그리고'로 바꾸고, 결말을 원하는 방향으로 정해서
   반복하여 이야기해보자.

   예) 나는 외모가 모자라, 그래서 사랑받을 수 없어.
   → 나는 외모가 모자라, 그리고 마음이 잘 맞는 사람을 찾을 거야.

2. 스스로를 설명하는 말에 '~라고 생각하는구나'라는 말을 덧붙이는
   연습을 해보자.

   예) 나는 실패자야.
   → 지금 나는 나를 실패자라고 생각하는구나.

3. 불안하고 두려운 생각을 느린 속도, 낮은 톤과 편안한 어조로 바꾸어
   이야기해보며, 생각에 대한 느낌의 변화를 관찰해보자.

4. 스스로에 대한 믿음이 떨어져 부정적인 자기 인식과 관련된 문장을
   거부감없이 받아들이는 장면에 대해 다시 생각해보자.

5. 마음을 지배하는 부정적인 관념에 대해, 제기할 수 있는 가장 작은
   반론을 찾아보자. (애써 긍정적인 생각으로 바꾸는 것이 아니라, 그 언어의
   지배력을 약화하기 위한 것이다.)

   예) 나는 태어나서 한 번도 행복한 적이 없다고 믿는다면, 단 하루라도, 아주
   잠깐이라도 행복했던 기억을 탐색해보자.

2

괜찮지 않은
우리의 괜찮은 삶

우울하면 과거를 사는 것이고,
불안하면 미래를 사는 것이며,
행복하면 지금을 사는 것이다.

_노자

3장————————————

지금 이 순간에
몰두할 때
생기는 일들

현재와의 접촉

우리의 본능은 행복을 추구하는 대신 두렵고 버거운 것들을 회피하거나 해결해 생존의 위기에 대응하도록 설정되어 있다. 따라서 늘 우리의 마음은 지금 이 순간 내가 어찌할 수 있는 것들이 아닌, 이미 지나버려 어찌할 수 없는 과거 혹은 다가올까 봐 두려운 미래를 미리 걱정하고 대비하도록 한다.

꾸준히 지금 내가 행하고 있는 일, 보내고 있는 순간에 착지하고 머무르는 것. 후회되는 과거나 두려운 미래가 아닌 '지금을 사는' 것. 그것이 현재와의 접촉이다.

1. 가장 사랑하는 사람의 얼굴을 깊이 들여다본 마지막 기억이 언제인지
   떠올려보자.

2. 일이든 관계든 당면한 문제에 대한 고민으로 소중한 순간, 예컨대
   데이트, 가족들과 보내는 여가, 휴가, 좋아하는 음식을 먹는 시간 같은
   때에 몰입하지 못한 적이 있진 않은지 되돌아보자.

3. 이미 지나간 과거에 대한 후회, 혹은 오지 않은 미래에 대한 두려움으로
   일상의 대부분을 보내진 않는지 돌이켜보자.

4. 지나고 보니 그때 그 순간에 몰입했더라면 좋았을 법한 순간이 있는지를
   돌이켜보자.

   예) 시험 결과를 걱정하는 대신 그냥 하루하루 열심히 공부할걸.
       지레짐작으로 피하는 대신 편하게 말을 걸어볼걸.

5. 이 책을 읽기 전 한 시간 동안의 마음을 되돌아보고, 그때 한 생각이
   지금 이 순간 즉 현재에 대한 것인지, 과거나 미래에 대한 것인지를
   확인해보자.

바닷바람만으로도
다행이라고 느끼는 순간

──────────────── 죽고 싶은 마음이 드는
당신에게

한 사회 초년생 환자가 휴가차 바다가 있는 도시에 들러 요트를 탔다고 했다. 엄청 비싸지 않냐고 놀라서 반문했더니, 단체 관광으로 타면 1인당 2만 원 정도의 비용이 드는데 그것도 소셜 커머스 특가를 이용하면 더 저렴하게 이용할 수 있다고 선생님도 꼭 타보시란다. 막 여름과 헤어진 초가을 밤을 바다 한가운데서 맛보는 그 느낌이 살면서 손에 꼽을 정도로 상쾌했다고 했다.

그다지 특별한 것이 없다고 생각하시는가. 그는 태어나서 처음으로 꾸준히 일을 하는 중이다. 글에 자세히 언급할 수는 없으나 20년 이상 이어진 가정 내 학대의 아픔을 무릅쓰고 하루하루 새로운 걸음을 내딛고 있다. 진료를 시작하고 한 해 가까이 그와 나는 꼬박 죽음을 생각하는 일상에 대해서만 이야기하기도 했었다. 이 정도면 그 순간이 충분히 특별하지 않을까.

그는 삶 내내 자신에게 문제가 있다는 생각에서 자유로울 수 없었다. 가족 그리고 사회로부터 그가 얼마나 문제투성이인지를 반복해서 들어왔기 때문이다. 처음 만났을 때 그는 삶을 이어갈 힘도, 그래야 할 이유와 의미도 모두 고갈된 상태였다. 그런 그가 이번 직장에 안착하는 과정이 녹록지 않았던 것 역시 당연한지도 모른다.

스스로는 아무것도 하지 못할 것이라는 굳은 믿음, 그리고 관계의 단절이든 업무 부적응이든 그러한 믿음을 공고히 할 만한 반복되는 좌절⋯ 그런 마음이 들게 된 과정이 너무도 이해되었기에 단지 그 마음을 함께 이해하고 위로했고, 수용과 전념에 대한 이야기를 해왔다.

정신과 의사로서 대단한 면담이나 치료랄 것은 없었으나 한 가지 자부심이 있다면, 경험이 일천할 때(지금도 마찬가지지만) 종종 저질렀던 실수인, 어쭙잖은 심리적 범주와 개념으로 타인을 낙인찍는 일을 더 이상은 하지 않는다는 것이다. 예컨대 '이건 과거의 트라우마가 참 깊고 경계선 인격장애에 가까우니(그가 그렇다는 것은 아니다, 예시다) 안타깝지만 치유가 잘되진 않겠다' 따위의 생각을 속에 품고서 겉으로는 사람 좋은 웃음을 짓지는 않는다는 것이다.

절망만이 가득해 어디서부터 어떻게 손을 대어야 할지 막막한 그 시간 가운데서도, 아직은 찾지 못했지만 그가 그만의 의미에 도달할 수 있다는 믿음을 놓지 않았다. 확실하지 않았기 때문에 예측이 아니라 믿음이었다. 비록 무엇이 소중한지는 깊은 마음의 상처로 가려져 있으나, 다가올 시간에 그가 소중히 여기는 순간들이 존재할 것임을 단 한 번도 의심하지 않았다. 그런 마음으로 당신이 아무리 죽고 싶다고 하더라도 나는 당신을 살게 하는 무언가를 위한 시간을 쌓아갈 것이라는 이야기를 꽤 긴 시간, 계절이 네댓 번 바뀌는 동안에도 놓은 적이 없다.

그런 그가 취직 후 첫 휴가를 다녀오고, 손품의 정성을 더해 저렴하게 즐길 수 있는 초가을 밤 바닷바람 이야기를 들려주었다. 바다 근처 출신인 내가 고향의 향수를 자극하는 그 느낌을 전해 받을 때의 마음을 이 글을 읽는 당신은 상상할 수 있을지. 늘 회피, 절망, 죽음으로만 시선이 가 있는 그에게 닿을 수 있을지 자신이 없었던 나의 이야기가 비로소 그에게 닿은 느낌. 그는 살아 있으니까 이러한 느낌도 느낄 수 있구나, 생각했다고 한다.

그는 그렇게 그의 삶의 조각들을 모아 반짝이는 순간을 엮어냈다. 이는 아팠던 과거의 기억이 없는 것으로 되거나, 과거의 트라우마가 불현듯 엄습해올 때 느껴지는 버거움이 소멸되어 가능한 일이 아니다. 여전히 앞으로도 그는 때때로 어찌할 수 없는 슬픔과 자책에 빠져들지도 모른다. 그럼에도 그렇게 엮어낸 순간의 의미, 그 순간에 머무를 때의 느낌, 살아 있어 좋고, 더 살아봐도 되겠다는 조그만 용기가 그간의 아픔만큼이나 그의 마음 한편에 깊이 자리할 것이다.

애써 평정심을 유지하지만, 그럴 때는 아주 어릴 적 오랫동안 홀로 짝사랑하던 이가 비로소 내 마음을 알아주었을 때의 설렘과도 비슷한 기쁨이 속에서 차오른다. 정신과 의사의 보람이다.

✳

진료를 하며 "이제 좋아지셨습니다" 혹은 "좋아지실 겁니다"라는 말을 잘 쓰지 않는다. 좋아진다, 좋아져야 한다는 말이 지금 힘든 이들에게 얼마나 부담이 되며, 또 나아진 이들에게 '다시 나빠질까 봐' 얼마나 큰 두려움을 유발하는지를 우리는 종종 간과한다.

'나도 다 힘들어봤다, 그거 다 마음먹기에 달렸다'라고 이야기하는 주변인들, 이를테면 부모나 친척, 지인들이 실은 환자보다 더 깊은 병리적 상태인 경우도 흔히 본다. 좋아질 거라는 말 자체가 커다란 환상이자 착각이다. 그 말 아래에는 우울하고 불안한 것들이 소실된 상태, 미래의 어떠한 것도 걱정하지 않아도 되는 편안한 상태가 정상이라는 전제가 있다. 예수나 부처가 아니라면 도달할 수 없는 마음이 일반적이고 정상적인 것이라고 보는 무리하고도 오만한 전제다.

자살에 대한 관점도 마찬가지다. 유명 방송에서 다큐멘터리를 촬영하며 통상적으로 사용하던 강의자료를 공유했더니, 늘 쓰던 '자살 사고, 자살 시도'라는 단어에 대한 수정 요청이 들어왔다. 방송에서는 문제가 될 수 있는 민감한 용어라는 것이다. 너무도 보편적으로 일어나는 비극을 우리 사회에서 어떻게 대하는지가 함축적으로 느껴졌다. 우리의 일상에 흔하고 또 가까이 있지만, 애써 그러한 사실을 외면하려 드는 느낌이다.

군부대에 있을 때 벽 한편에 자살을 예방한다는 취지로 '늙어보면 그런 걱정 아무것도 아니여'라는 문구가 붙어 있었던 것도 생각난다. 한강 다리 한편에 '자살을 거꾸로 하면 살자' 따위의 말장난을 붙여놓은 것을 볼 때도 비슷한 느낌이다. 그러한 문구를 보면 '아하, 그렇구나, 내가 미처 그런 원리를 몰랐구나' 하며 깊은 슬픔에 빠진 마음을 되돌릴 것이라 생각하는지, 그 얄팍함이 씁쓸했다.

죽고 싶다는 생각 자체가 문제요 중병이라며 어떻게 고쳐놓을까, 없앨까를 전전긍긍하는 접근으로는 결코 알 수 없는 마음의 원리가 있다. 나는 진료를 하며 어찌할 수 없을 정도로 버거운 자살 사고, 마음으로 또 실제 생리적인 작용으로 압도하고 엄습해오는 고통을 회피하거나 애써 좋은 말로 뭉개지 않는다. 단지 환자가 죽고 싶다고 이야기할 때, 그 마음을 통해 실은 누구보다 살고 싶어 하는 마음을 느끼고 찾아내려 한다.

'죽고 싶을 정도'로 무겁고 아픈 상처는 반대로 그 정도로 간절한 무언가가 있어야 성립한다. 학대의 공포와 트라우마로 죽고 싶다는 것은 심지어 죽음을 통해서라도 간절히 평온과 안식에 닿고 싶다는 의미다. 사랑의 배신으로 상처받아 죽고 싶다면 누구보다 진솔하게 연결되는 관계를 갈구하는 것일지도 모른다. 궤변이라고 생각해도 좋다. 살고 싶다는 마음이 들게 하는 소중한 순간의 실마리를 찾아낼 수만 있다면.

진료 초기에 나는 그에게 솔직히 이야기했다. 당신이 죽고 싶은 그 순간의 마음이 갑자기 사라지는 일은 없을지도 모른다고. 당신이 경험했던 일들을 없던 일로 하기는 어려울 거라고. 단지 나는 우리가, 극단으로 치닫는 그 고통 속에서도 앞으로 당신이 원하는 무언가를 읽어낼 수 있기를 소망한다고 했다.

면담이 깊어지며 그와 내가 찾아내고 또 합의한 지점이 있다. 사실은 그동안 그가 대단한 성과를 바랐다기보다 스스로의 생계를 온전히 책임질 수 있기를 바랐다는 것. 또 이를 바탕으로 스스로가 행복할 만한 무언가를 추구해보고 싶었다는 것. 사람이 그토록 두려운 것은 과거부터 쌓여온 타인에게 받은 상처가 재현될까 두려운 것이며, 이는 사실 그러한 두려움을 넘어 편안하고 무난한 관계를 이어가고 싶은 지극히 당연한 소망 때문이라는 것.

직장에 다니고, 새로 만난 지인들과 가까워지며 그들과 특별할 것 없는 주말을 함께 보내보는 것은 그러한 의미와 소망을 삶에서 구현해보려는 시행착오의 과정이었다. 반드시 제대로 성공해야 하는 것이 아니다. 그러한 소망을 외면하지 않고, 익숙하지 않고 더디더라도 그에 다가갈 수 있는 용기를 내는 것 자체로 이미 기적이다. 그런데 그 기적이 밤바다 위에서 사람들과 함께 바라보는 밤하늘의 풍경이라는, 소박하지만 비현실적인 순간까지 엮어냈다. 앞으로도 그러한 순간들을 엮어내고 그 속에서 머무를 수 있다면, 그 순간의 느낌을 행복이라 이야기해도 되지 않을까.

그에게 허락된 특별한 순간처럼, 모든 사람에게 허락될 수 있는 나름대로 '소중한 순간을 엮어가는 것'. 이것이 결국 취업에 성공했으니 가능한 것 아니냐고, 직장이 없는 나는 그럴 수가 없다고 누군가가 물어올 수 있다. 그렇다면 그에게 나는, 만약 취업이 가능해져 첫 월급이 주어진다면 어떤 것을 하고 싶은지 물어볼 것이다. 그때 떠오르는 장면들 속에서 그가 오래 잊고 있었던, 사랑하는 순간들과 의미들을 짚어갈 것이다. 그리고 그 의미, 사랑하는 순간을 엮을 수 있는 끊임없는 시행착오를 제안할 것이다.

※

그렇게 진료실에서는 이름만 대면 도시 사람 모두가 아는 사업체로 성공했지만 실은 가족 간의 갈등으로 힘들어하는 청년, 주위에서 모두 부러워하지만 쇼윈도 부부 생활로 고민인 여성, 단 한 번도 원하는 대로 선택해보지 못하고 부모의 강요로만 평생을 살아온 학생, 눈 옆이 가려진 채 경주마처럼 달려오다 문득 인생의 허무함을 느낀 중년 남성… 이질적이고 다양한 삶을 살아가는 이들이 같은 과정을 밟는다. 지금 자신에게 허락될 수 있는, 혹은 가장 추구하고 싶은 순간을 함께 떠올리고 이를 엮어간다. 비유도, 면담 기법도, 약물도 그것을 엮어가는 도구일 뿐이다.

"자살 사고가 심하시군요" "우울증이 깊어요, 약을 잘 챙겨 드시고 운동하셔서 나으셔야 합니다"라는 메시지로는 쌓을 수 없는 의미가 있다. 그리고 그런 의미가 결여되었다면 왜 소중한지 알 수 없는 순간이 있다. 그 순간의 풍경을 함께하는 사람과 혹은 홀로 바라보는 것, 그 순간 볼을 스치는 바람의 감각과 구름의 흐름을 느끼는 것, 그 순간에 온전히 있음을 자각하는 것… 언어화할 수 없는 찰나의 소중함이다. 산다는 것은 그러한 순간을 그려가거나, 혹은 문득 지금 그러한 순간 속에 있음을 인식하는 일의 연속이다.

당신의 '그러한 순간'은 어떤 것일지 상상해보기를 권한다. 그리고 앨범에 차곡차곡 사진들을 담듯 그 상상들을 현실로 엮어가길 바란다. 그러한 순간들을 위해 살아간다, 견뎌야 한다는 거창하고 부담스러운 생각까지는 필요치 않다. 다만 살아서 이러한 순간도 경험해볼 수 있어 나쁘지 않다, 다행이다, 라는 느낌만으로도 우리는 충분히 행복할 수 있다.

'꼭 필요한 불안만 만나는 시간' 정하기

당연한 이야기를 대단한 진리인 양 늘어놓는 어른들이 있다.
'취업은 해야지.' '사람 만나는 것도 다 때가 있다.' '젊어서부
터 노후 대비가 중요하다.'… 마치 상대방이 어려서, 미성숙
해서 아직 모르는 것을 일깨워주는 듯한, 혹은 다그치는 듯한
이야기다.

하지만 들어보면 대개 뻔한 말이기도 하다. 일을 하기 싫
어 애써 취업하지 않는 사람이 얼마나 될까. 사랑을 나 혼자
마음만 먹는다고 할 수 있는 걸까. 가난하게 살고 싶은 사람이
누가 있을까. 그 정도는 다 안다. 당연하지만 어려울 뿐이다.

기성세대의 조언이 '라테는 말이야'라는 우스개로 폄하되

는 이유는 열심히 노력하기만 하면 된다는 당위적인 메시지가 전부여서가 아닐까 한다. '나는 성공했으니 너희도 나처럼 열심히만 하면 된다'라는 과시 혹은 '내 인생은 이렇게 어렵고 비참하게 되었으니 너는 그렇게 살지 마라'라는 부담 이외에, 시대가 다르고 상황도 다른 지금에도 적용될 수 있는 유의미한 통찰은 결여된 것이다.

이러한 '조언 무용론'으로 미루어보면 삶이 어려운 이유는 어떻게 살아갈지를 몰라서가 아니라 어떻게 살아갈지는 알겠는데 '무조건 잘되는 건 아니라서'라는 생각을 해본다. 지금의 현실에서 어떤 방향이 최선인지는 떠올릴 수 있으나, '그렇게 하기만 하면 모든 것이 잘 풀린다'라는 확신을 구하기는 어렵다.

예를 들어 수험생에게 당장 최선은 눈앞의 시험공부에 매진하는 것이다. 방법은 뻔하지만, 아무리 최선을 다한다 해도 그 노력이 합격을 보장해주지는 못한다. 차라리 떨어질 것이라 예정되어 있으면 포기하고 다른 길이라도 갈 텐데 그마저 미리 알 수는 없다. 비슷하게, 자식이 불행하기를 바라는 부모는 없겠으나 아이의 미래를 걱정해 올바른 방향으로 이끌려는 마음이 지나쳐 억압과 통제, 강요와 갈등의 씨앗이 되기도 한다. 모든 자영업자가 위험부담을 안고 최선을 다해서 가게를 꾸려가지만 그것이 대박을 보장하지는 않는다. 면접을 앞둔 취업준비생, 프로젝트를 따내려는 직장인, 승진 심사를 앞둔 공무원… 성별, 나이, 빈부와 지위고하를 막론하고 모든 인간 군상에게 알 수 없는 미래로 인한 불안이 만연해 있다.

✳

삶은 어느 순간에도 미래에 대한 의문에 완벽한 확신을 제공해주지 않는다. 지금 당면한 일에 대한 현실적인 고민이 불확실성이라는 벽에 부딪혀 왜곡되고 증폭된다. 대책을 세워 안도감을 얻으려 걱정을 거듭할수록, 안도할 수 없게 하는 부정적인 예측이 자꾸만 떠올라 오히려 불안을 키우는 답답하고도 안타까운 굴레에 빠진다. 불확실성을 모두 예측하고 통제할 수 있어야만 불안하지 않을 수 있다면, 인간은 어쩌면 죽을 때까지 단 한 번도 '온전한 평안'에는 도달하지 못할지도 모른다.

불안은 위기를 예측하고 대응하는 정서적 반응이다. 오래도록 불안에 시달린 이들은 '나는 왜 이렇게 생각을 부정적으로 할까?' 하며 스스로의 성향을 탓하기도 한다. 그러나 일이 어떻게 엉킬 수 있을지를 미리 떠올리고 두려워하는 것은 당신이 유달리 예민하고 부정적인 사람이라서가 아니라, 아직

오지 않은 위기를 미리 상상하고 대비하도록 진화된 인간의 본능에 충실한 것일지도 모른다.

다만 지금 시점에서 우리의 사고가 도달할 수 있는 한계는 '결과는 어떻게 될지 모르지만 일단은 이렇게 시도해보자'라는 현재 시제의 대책이다. 그러나 불안이 종료되려면 이 정도로는 부족하다. '그렇게 하면 잘될 것이다'라는, 예측할 수 없는 미래 시제에 대한 확신이라는 불가능하고 모순적인 결론에 도달할 수 있어야 불안도 소멸된다.

바로 이 지점이 '실효적인 불안'과 '비실효적인 불안'의 분계점이자 함정이다. 분석과 고민을 통해 현재 나름의 최선인 대비책, 대응책은 찾았음에도, 이어지는 미래의 결과가 무조건 긍정적일 것이라 확신할 수는 없어 두려움이 지속되는 지점이다.

안타깝게도 불안은 이 정도 지점에서 쉽게 물러나지 않는다. 이미 지금 상황에서 최선의 대응책을 떠올렸음에도 '정말 그러면 잘 풀릴까? 괜찮을까?' 하고 현재로서는 예측할 수 없는 미래를 예측해, 확신할 수 없는 미래를 확신할 수 있도록 명쾌한 결론을 요구한다. 그렇게 걱정은 밤이 새도록 이어진다.

불확실성이 가득한 삶을 다루는 과정인 정신과 진료를 하다 보면 대답할 수 없는 질문들을 만나게 된다. "제가 좋아질 수 있을까요?" "지금 하고 있는 소송의 결과가 잘될까요?" "사업이 위기에 처했는데 가정을 지킬 수 있을까요?" "그 상처를 딛고도 제가 잘 살아갈 수 있을까요?" 이러한 질문들에 대해 나는 함부로 "무조건 좋아질 겁니다, 잘될 겁니다"라고 무책임하게 답하지 않는다. 어떻게 될지 모르는 미래를 두고 마냥 잘될 것이라고 이야기하는 것은 기만이다.

대신 나는 '모르는 것을 모른다고 인정할 용기'를 제안한다. 그 용기는 알 수 없는 미래, 예측할 수 없는 결과를 걱정하느라 소진되는 귀한 시간과 마음의 여력을 지금 우리의 삶에서 실제로 시도할 수 있는 것, 지금의 최선인 것을 떠올리고 실행하는 데 쓰이도록 해준다.

예컨대 아직 직장을 구하지 못한 사회 초년생이 미래가 두려운 마음에 걱정을 거듭한다고 해도 언제 취직이 가능할지, 어떤 직장에 취직하게 될지를 고민하는 정도지, 어떻게 승진하고 언제 은퇴해서 어떻게 노후를 대비할지까지 계획하는 것은 불가능하다. 삶에는 너무도 많은 변수가 존재하기 때문이다. 지금은 나의 조건을 고려하여 어떤 회사에 지원해볼지를 모색할 수 있고, 이에 대한 준비를 어떻게 할지를 구상하고 실천할 수 있다. 비록 그렇게만 하면 무조건 합격하리라는 확신은 주어질 수 없으며 이로 인한 불안은 여전히 존재할 테지만 말이다.

어떠한 삶의 순간에서도, 불안한 대로 '지금 그대로의 최선'이 있다. 완벽한 정답이어서가 아니라 그것이 지금의 최선이기 때문에 시도하는 것이다.

그 최선은 사람마다, 그리고 상황마다 다르다. 누군가에게는 꾸준히 진료를 받는 것일 수 있고, 실업급여를 신청하거나 파산의 행정 절차와 자격 요건을 점검하는 것이기도 하며, 오랫동안 고민해온 연락을 다시 시도해보는 것이기도 하다.

정신과 의사의 역할 역시 '무조건 잘될 것'이라는 불가능한 확신과 이를 통한 인위적인 안심을 제공하는 것이 아니다. 그보다는 어려움에 처한 지금 당신의 최선이 무엇일지를 함께 고민하는 것, 그리고 최선의 대응을 이어가는 데 필요한 힘과 위로를 나누는 것이다. 약도, 면담도 이를 위한 도구이다.

＊

나는 나 자신의 불안도 같은 관점으로 대한다. 미래에 대한 완전한 확신에 도달함으로써 두려운 마음에서 해방되는 것은 애초에 바라지 않는다. 불확실성이 상주하는 삶에서 그것은 지나친 욕심이기 때문이다. 대신 오늘의 두려움에 대한 내일의 실효적인 대응을 고민한다. 지금 당면한 어려운 현실에 대해 '오늘, 지금 이 순간부터 무엇을 할지'를 고민하는 데는 그리 오랜 시간이 소요되지 않는다. 누구나 이렇게 생각할 수 있다. '합격이 보장되진 않겠지만 열심히 공부해보자.' '내일은 오래 고민하던 그 말을 해보자.' '사업이 언제 궤도에 오를진 모르겠지만 계획대로 최선을 다해보자.'

'완벽하게 미래를 예측하고 확신하여 불안이 소멸되어야 한다'는 부담만 없으면 이러한 구체적인 방법, 지금의 최선을 떠올리는 것은 조금은 더 쉬운 일이 된다. 이러한 통찰을 이어가다 문득 떠올린 불안의 법칙이 있다. '한 시간의 법칙'이다.

이는 불안을 일으키는 상황에 대응하는 실효적인 최선의 방법을 고민하는 데는 대개 길어도 한 시간이면 충분하다는 법칙이다. 달리 말해 그 정도 시간을 들여 차분하게 고민해도 마땅히 떠오르는 답이 없다면 온종일, 몇 날 며칠을 붙잡고 고민해도 뾰족한 답을 찾기는 어려운 경우가 대부분이라는 의미도 된다.

그 법칙에 따라 나는 걱정에 한 시간의 제한을 둔다. '아이들을 재운 후 밤 열시 반부터 열한시 반까지만'같이 구체적인 리미트를 건다. 그 시간 동안만큼은 마음껏 불안해하고 두려워한다. 단 그 두려움이 '어떻게 하면 마음이 편해질지'로 흐르지 않고 '지금의 내게 어떤 것이 최선인지'를 고민하는 방향성이 유지될 수 있도록 주의를 기울인다. 어떻게 나빠질 수 있을지를 걱정하는 대신 좋아지게 할 방향이 무엇인지, 직접적이고 실효적으로 실행할 만한 방안을 떠올릴 수 있도록 하는 것이다.

고민의 종결을 결정하는 기준 역시 답답하고 두렵고 막막하고 초조한 느낌이 얼마나 해소되었는지가 아니다. '감정적으로 완벽히 후련해졌는지'가 아니라, '지금의 내가 예측하고 대응할 지점을 충분히 검토했는지'를 기준으로 한다. 확신이 들지 않아 답답하고 불편하더라도, 나아갈 방향, 실행할 방안이 보인다면 좋은 고민이었다고 스스로를 다독여준다. 한 시간 정도의 불안을 통해 고민하고 검토한 결과라면, 완벽히 안심되는 것은 아니지만 지금의 그럭저럭 최선을 떠올리는 수준까지는 생각이 도달해 있다. 걱정이 사라지고 편안해지기에는 한참 모자라지만, 내일 하루는 그 생각대로 살아보자고 다짐하기엔 모자람이 없다.

제한을 건 시간이 지나면 '이 정도면 오늘 하루치 불안은 생각할 만큼 했어' 하고 툭툭 털듯 선언한다. 그 뒤로는 하루 동안 쌓인 상념을 글로 풀거나, 이불을 싸매고 창가에 누워 얼굴은 차게 몸은 따뜻하게 한 후 밀린 책이며 나중에 보려고

저장해둔 유튜브 영상을 본다. 그 불안에 압도되어 있을 때는 보이지 않던, 그토록 원했던 온전히 나를 위해 쓰는 시간이다.

오늘도 하루치를 열심히 살았고, 그럼에도 어떻게 될지 모르는 미래에 대한 불안을 다 하지 못한 숙제처럼 가방 속에 구겨서 들고 왔다. 저녁을 먹고, 잠을 거부하는 아이와 씨름하다 초저녁에 깜빡 잠이 들었다가 이른 새벽에 깼다. 밀린 일을 처리하며 문제되는 일들에 대한 걱정을 시작했다.

매일 매월 매년, 삶의 맥락이 변화하며 걱정의 내용도 달라진다. 오늘은 아직은 알 수 없는 작업물의 결과, 수천만 원을 떼인 일에 대한 소송(꼭 이에 대한 경험도 한 편의 글로 남길 것이다)에 관련된 고민을 이어가본다. 언제나처럼 '이렇게 하면 무조건 잘 풀리겠다!'는 결론에는 도달하지 못했으나 '일단은 이 정도로 한번 해볼까?'라는 어중간한 타협점을 찾아냈다. 고민을 통해 당장 해결된 일은 없지만, 내일 하루는 어떤 시도를 해볼지에 대한 생각 정도는 정리되었다.

한 시간이 지났다. 불안을 마무리하는 시간이다. 오늘은 이만하면, 소중한 삶의 궤도를 벗어나지 않는 선에서 충분히 고민했다고 마음을 다독여본다. 여전히 마음 곁을 서성이는 불안에게 '오늘도 이만하면 충분히 같이 있었네, 내일도 우리는 만날 거니까 남은 시간은 홀로 조용히 보내도 될까?' 하고 나직이 부탁해본다.

　카페인이 적은 티백 하나로 따뜻한 차 한 잔을 우린다. 요즘 푹 빠져 있는, 겨울에 어울리는 느린 재즈를 틀고 블로그에 올릴 글을 쓴다. 이리저리 단어를 조합하며, 불안에 잠식되어 잊고 있던 살아가는 재미도 소소히 느껴본다. 그러면서 다짐한다. 내일, 오늘 고민한 만큼 최선의 하루를 또 살아보자고. 그리고 내일 밤은 내일 하루치 고민을 하자고.

　당신에게도, '한 시간'을 고민했다면 맥주 한 캔, 음악 한 곡, 그리운 이와의 통화 한 통의 여유 정도는 스스로에게 선물해보기를 제안한다. 미래를 모두 예측해 안전하고 괜찮을 것이라는 결론에 도달해야 한다는 불가능한 강박은 조금만 내려두고서. 불확실성이라는 삶의 본질 때문에 아무리 고민해도 남아 있을 수밖에 없는 불안을 위로하고 다독여줄 수 있기를 바란다. 그리고 그 여유가 다시금 내일 하루만큼의 삶과 고민을 이어갈 힘으로 당신에게 깃들기를 기도한다.

후회의 맥락을
이해한다는 것

사소한 일인 줄 알면서도
고민하는 당신에게

"다른 특별한 일이나 궁금하신 건 없으신가요?"

진료를 마칠 때 건네는 인사말이다. 마음이 힘든 이들은
깊은 이야기를 선뜻 꺼내기 힘들어하기도 해서, 정신과 면담
교과서에서도 한 번 더 묻기를 권하는 질문이다.

"…있긴 한데 아무리 생각해도 너무 사소한 일이라서 말
하기도 좀 그래요."

이럴 때는 귀가 쫑긋한다. 이렇게 시작되는 대화는 거의
벗어남 없이 중요한 이야기이기 때문이다.

"그러시군요. 그럼 이렇게 한번 생각해보세요. ×× 씨는
오늘 점심식사를 하면서 이건 사소한 일이야, 라고 생각하셨

나요?"

"그렇진 않죠."

"그렇죠. 그 일이 만약 정말로 사소한 일이었다면, ×× 씨
께서 굳이 그 일은 사소한 일이라면서 이야기를 꺼내셨을까
요?"

이후 환자는 순살치킨을 시켜달라 부탁했음에도 뼈 있는
치킨을 주문한 연인에게 격하게 화를 낸 이야기를 털어놓았
다. 차라리 거창한 일, 이를테면 성적인 트라우마나 갑질, 따
돌림 등을 이유로 힘들다고 토로하면 누구나 그럴 만하다고
이해해준다. 그러나 이런 조그만 일로 문제가 생기면 예민하
다, 성격이나 인성에 문제가 있다, 하고 타인에게 비난받거나
나는 왜 이럴까 자책하기에 딱 좋다.

그도 그렇게까지 화낼 필요는 없었음을 모르지 않는다.
사랑하는 이에게 가시 돋친 말을 하면서, 자신의 입에서 그러
한 말이 나온다는 사실 자체가 슬프고 두려웠다. 그 정도로
감정이 격해질 일이 아님을 누구보다도 자신이 잘 알기에 밀
려드는 후회와 부끄러움에 몸서리쳤다.

그는 어린 시절 늘 부모를 기다렸었다. 부모는 불화로, 또
경제적 어려움으로 자녀의 감정을 보살필 여유가 없었다. 생
일은 함께 보내고 싶다, 학교에서 힘든 일이 있었다는 그의

일상적인 이야기는 묵살되기 일쑤였다. 너 먹여 살리는 게 얼마나 힘든데 배부른 소리를 하느냐고 타박을 받거나, 부모가 격하게 다투는 통에 말을 걸기조차 어려웠다. 그는 늘 외로웠다.

그런 그에게 연인은 처음으로, 그의 이야기도 누군가에게 소중할 수 있음을 알게 해준 사람이었다. 아이러니하게도 그 특별함이 그 사람마저 자신의 마음을 몰라줄 것이라는 두려움으로 이어졌다. 지나갔다고 생각한 어린 시절의 외로움과 좌절은 고스란히 현재의 사랑하는 연인에 대한 의심으로 이어졌고, 그로부터 버림받을지 모른다는 공포를 낳았다.

그는 순살을 기대한 치킨이 뼈로 바뀌어서 분노한 것이 아니었다. 이 사람마저 자신의 마음을 몰라준다는 좌절, 이 사람마저 결국 자신의 마음을 외면해버릴 것이라는 두려움을 느낀 것이다. 그의 화는 배달앱 주문 실수에 대한 것으로는 과했을지 모르나, 또다시 누구도 그의 이야기에 귀를 기울이지 않게 되리라는 두려움에 대한 것으로는 그리 과하지 않았다.

✳

납득할 수 없는 이유로, 납득하기 힘들 정도로 감정이 자극될 때가 있다. 누군가는 운전대를 잡기만 하면 유달리 거칠어지고, 천사같이 모든 것을 이해해줄 것만 같던 사람이 사소한 꼬투리를 잡으며 까칠해지기도 하며, 어떤 이는 술만 마시면 눈물을 주룩주룩 흘린다.

누군가의 성품을 평가할 때 그가 보이는 감정이 얼마나 격한지보다 중요한 것은 그 감정이 얼마나 납득할 만한지다. 누군가가 거친 언행을 보이더라도 그럴 만한 이유가 있다면 어느 정도 용인해줄 수 있다. 반대로 그다지 거슬리지 않는 수준의 예민함이라도 그럴 만한 이유가 동반되지 않으면 상당히 문제가 있어 보인다. 그렇게 민감해지는 순간이 자신에게 찾아올 때 우리는 고민하고 슬퍼한다. 나는 근본적으로 비상식적이고 비정상적인 사람일까, 마음의 어딘가가 고장 난 사람일까.

그런 순간의 감정은 대개 잊고 싶은 과거와 연결되어 있다. 그래서 우리는 그러한 상황에 '사소하다' '별일 아니다'라는 이름표를 붙인다. 애써 그 강렬한 무의식적 감정을 무시하고 지나치려 한다.

환자가 그 일을 진료실에서 이야기하려다가 이건 사소한 일이야 하고 넘기려 했던 이유다. 그는 그 다툼이 자신에게 큰 의미가 있고 또 힘들었던 일이기에 함께 이야기를 나누고 싶었다. 그러나 과거의 아픔과 연결된 일이라면 무엇이든 억누르고 싶은 양가적인 마음은 이를 아무것도 아니었다는 말로 애써 억눌렀다. 외면하려 했다.

만약 그에 대해 돌아보는 대화 없이 그대로 진료실을 나섰다면, 그는 여전히 연인을 '고작 순살 주문 하나도 기억하지 못하는 것으로 보아 자신을 소중하게 여기지 않는 사람'으로 의심하고 있었을지도 모른다. 이는 지금 그 누구보다 소중한 그 사람과의 관계를 어렵게 만들었을 것이다. 이미 지나갔다고 생각한 과거의 아픔이 현재에서 재생산되는 과정이다.

그러나 그는 마음을 깊이 들여다볼 용기를 내었다. 대화하면서 우리는 좀 더 그의 마음을 이해할 수 있었다. 그 이해를 바탕으로 그는 지금 곁에 있는 연인이 그러한 두려움을 유발할 정도로 소중한 사람임을 한 번 더 확인할 수 있었다.

＊

대체로 우리는 지극히 상식적이고 이성적인 사람들이다. 다만 그 상식과 이성이 잘 발휘되지 않는 순간이 존재할 뿐이다. 그러한 순간은 대개 일반적이지 않은, 지극히 개인적인 경험에 기인한다. 모두의 삶과 경험이 다르므로 일반적인 마음이란 존재할 수 없다. 일견 사소해 보이지만 후회되는 일, 비이성적인 불편감과 불안을 유발하는 순간이야말로 좀 더 내밀한 스스로의 마음을 이해할 수 있는 좋은 실마리다.

'사소하지만 사소하지 않은' 후회. 늘 애써, 아프게 눌러왔던 생각과 감정. 그러한 생각과 감정이 터져 나온 순간들은 아마도 당신이 살아오며 가장 아프고 힘들었던 그때의 기억과 닿아 있을 것이다.

이번 한 주, 오늘 하루를 보내며 혹 '이건 별일이 아니야'라고 무마한 후회스러운 경험이 있는지. 만약 그렇다면 그때의 마음을 잘 짚어보면 좋겠다. 그로부터 주어지는 이해와 통찰은 어째서 당신이 예민하고 문제가 있는 사람인지 자괴감에 빠지게 하는 대신, 충분히 그럴 만한 일이었고 숨은 이유가 무엇이었는지 조곤조곤 드러내줄 것이다.

그것은 나의 위기가 아니라
타인의 불안일 뿐

남의 잣대에 맞추느라 애쓰는
당신에게

그는 숨 쉬듯 그의 문제를 지적하는 어머니와 함께 살아왔다. 성적이 전교 5등이어도 1등이 아니라서, 바라던 대학에 입학했더니 더 좋은 학교에 간 지인이 있어서, 그의 남편이 엄마 친구의 사위보다 사회적 지위가 낮아서 어머니는 끊임없이 그를 비난하거나 걱정했다.

어릴 적부터 그는 어머니를 미워하고 멀리하려 하면서도, 아이러니하게도 어머니에게 사랑받지 못하고 버림받을까 봐 두려워했다. 그럼에도 도저히 어머니의 비난을 잠재울 수 없을 때는, 그러한 비난이 비논리적이고 부당하다고 악다구니를 쓰며 반박하기도 했다. 자신이 잘 살고 있음을 증명하는 것은 어머니의 사랑을 얻기 위한, 달리 말하면 버림받지 않기 위한 몸부림이었다.

그러나 어머니의 기준은 높기만 했다. 좋은 대학에 가면 좋은 직장을, 괜찮은 직장을 구하면 만족스러운 배우자를, 기껏 결혼하고 아이를 키우면 손자의 우수한 성적을 원하는 어머니의 갈구는 충족되는 법이 없었다. 같은 환경에서 자란 언니 오빠들은 고스란히 그러한 성향을 답습했다. 어머니는 어떤 면에서든 좀 더 나은 자식을 노골적으로 편애했기에 그와 그들은 늘 암묵적으로 성적, 배우자의 직업, 부의 정도를 놓고 서로 경쟁하고 시기했다.

그런 가족들과 보낸 유년 시절의 영향력은 단지 그가 가족들과 함께일 때만으로 국한되지 않았다. 친구들이 자신을 얕잡아보거나 미워하지 않을까 하는 두려움, 지금 하는 일을 완벽하게 해내지 못하면 미래에 재앙이 닥칠 것만 같은 압박감, 아무리 발버둥 쳐도 편안한 마음에 도달할 수 없다는 절망… 누적된 불안은 끝없는 변주로 그를 괴롭혔다.

이렇게 힘든 이유라도 찾아야 겨우 버틸 수 있을 것 같을 때 우리는 삶의 의미를 고민한다. 그러나 그러한 마음으로 시작된 고민이 유의미한 답을 도출해내는 것은 무리다.

도저히 견딜 수 없이 불안하고 지치는데, 왜 그래야 하는지 이유를 찾을 수조차 없다는 허무와 절망감이 그를 진료실로 인도했다.

*

우리는 너무 당연하기만 해서 돌아보지 못했던 소중한 순간들을 새삼스럽게 그의 일상에서 긷기 시작했다. 자신의 삶과 맞바꿔도 아깝지 않을 아이, 초조하게 흔들리는 그를 긴 세월 동안 늘 지켜봐주고 지지해준 남편, 그런 가족들과 함께 보내는 주말… 스스로의 삶이 잘못되었거나 잘못될 예정이라는 인식 속에서 지내면서는 돌아볼 수 없었던, 실은 삶의 본질과도 같은 순간들이었다.

그의 부모와 형제자매가 그를 대하는 방식과 가치관을 바꿀 능력은 우리에게는 없었다. 다만 적어도 남편과 아이와 함께 캠핑을 하는 천금 같은 주말 시간만큼은 전날 어머니와 통화한 내용을 끊임없이 반추하는 것을 멈추는 연습부터 해보기로 했다. 해결하지 못한 채무 문제를 두고 좀 더 경제적 여유가 있는 언니와 그를 비교하며 어머니가 한탄하더라도 그가 얼마나 잘 살아가고 있는지를 애써 항변하지 않기로 했다.

그리고 우리는 단지 끊임없이 현재로 돌아오기로 했다. 그러한 현재가 누군가에게는 숭고한 종교적인 목소리를 듣는 순간일 수도 있고, 누군가에게는 한 번뿐인 삶에서 꼭 이루어내고픈 성취를 추구해나가는 과정일 수도 있으며, 또 다른 누군가에게는 그저 한적한 바닷가 앞에서 바다 내음을 느끼며 여유에 빠져드는 순간일 수도 있다. 그에게는 그것이 지금의 가족들과 함께하는 시간이었다.

어머니와의 통화 이후 찾아드는 불안과 두려움을 애써 괜찮다며 억지로 다독이려는 대신, 그저 그 불쾌함과 불안을 그대로 두고 그날 저녁 아이를 픽업하며 나누는 대화에 몰입하거나, 주말에 모처럼 교외로 나가 무엇을 할지 고민하기로 했다. 괴롭히지 말아달라는 절규 대신, '괴롭혀지지 않을 자유'를 돌아보기로 했다.

그러던 어느 날 그가 조금은 상기된 표정으로 진료실을 방문했다. 어머니가 가련해 보이기 시작했다는 것이다. 통화를 하고 만날 때마다 불안과 압박, 반감을 쏟아내는 어머니를 보며 문득, '엄마는 단 한 번도 내가 주말에 가족들과 함께하며 받는 느낌에 온전히 머무른 적이 없었겠구나'라는 생각이 들었다고 했다. '나보다 두 배는 더 긴 세월을, 나도 그토록 못 견뎌 했던 불안 속에서 지내온 것이 나의 엄마구나'라는 통찰이었다.

명절날 가족들이 모였을 때였다. 늘 그렇듯 형제자매들은 자녀들의 학벌로, 새로 이사 간 아파트의 시세로 은근한 기싸움을 하고 있었다. 걱정을 가장한 우월과 열등이 뒤엉키는 대화의 틈바구니에서 그는 비켜 섰다. 여전히 그 굴레에서 빠져나오지 못한 가족들의 대화를 묵묵히 듣고만 있었다. 마치 한 발 물러나 한 편의 블랙코미디를 관람하는 관객처럼. 자신의 모습이 세련되게 느껴졌다.

더 이상 그는 구구절절 자신의 삶을 친정 가족들에게 설명하지 않는다. 대신 오늘, 지금 여기에서의 그 자신의 삶에 깊이 몰두할 뿐이다. 그는 종종 "이런 느낌으로도 삶이 이어질 수 있네요"라고 내게 이야기한다.

✳

모든 면이 평균인 사람은 존재할 수 없다. 당신은 분명 어떠한 면에서 일반적인 부분을 벗어날 것이며, 제각각 다른 존재로 태어난 것이 인간의 본질이다. 그러한 면에서 사회 구성원 개개인은 모두 사회의 보편에 속하지 않는 면이 있으며, 그러면서도 사회에서 배척받지 않으려 한다는 것 또한 인간의 본성이다.

타인에게 조언을 할 때, 성숙한 이들은 이러한 본질을 되새기며 듣는 이의 입장에서 어떤 것을 시도해보고 또 개선할 수 있을지를 함께 고민하는 관점으로 이야기한다. 자신의 삶에 충분히 만족하고 몰입하는 이는 구태여 자신의 잣대로 타인을 재단하지 않는다.

그러나 불안한 이들은 자신의 시각으로 보면 무엇이 잘못되어 보이는지를 타인에게 이야기하며 자신의 가치관에 타인이 동화되기를 강요한다. 인간은 타인이 자신이 떠올리는 행복의 도식에서 벗어나 있을 때 불안해하기 때문이다. 스스로의 삶과 가치관에 의구심과 불안이 가득한 이들은, 그 불안과 초조를 타인에게 투영함으로써 자신이 잘 살아가고 있는지를 확인하려 한다.

예컨대 어떤 이가 인생에서 돈이 전부라 생각한다면 다른 이들에게도 같은 도식을 강요하고 싶어지고, 권력이 전부라 생각한다면 타인도 그가 소유한 사회적 지위에 압도되기를 바란다. 같은 원리로 애매하게 좋은 학교를 나온 이들이 조카의 대입 결과를 묻고, 많은 연봉만이 자랑거리인 어른들이 취업 여부를 집요하게 캐묻고 또 훈계한다. '너도 나처럼 생각해야 해, 이것이 맞는 인생이야'라는 편협한 시선이다.

그러니 누군가가 당신을 비난하거나 당신의 삶을 부정할 때, 그에 대해 무작정 논쟁하거나 분노하기에 앞서 당신에게 그러한 관점을 전달하는 이의 기저에 어떤 마음이 있는지를 헤아려보기를 제안한다. 그들의 불안이므로 당신이 대처할 필요는 없다. 단지 그 이야기들 속에 논리적으로 통찰을 주어 거둘 것이 있다면 감사히 거두고, 그렇지 않고 나의 현실과 너무도 동떨어진 이야기라면 '걱정해주셔서 감사하지만, 당신은 나를 충분히 알지는 못하시는군요' 하고 속으로 생각하고 쓴웃음을 지을 뿐이다.

결코 당신보다 당신의 삶을 잘 알 수 없는 누군가가 당신의 삶을 폄훼하고 있다면, 단언하건대 그것은 그의 불안이 드러난 것이다. 완벽할 수는 없으나 나름대로 최선을 이어가는 당신의 삶을 함부로 누군가가 재단하여 무엇이 문제인지를 반복하여 강요하려 든다면, 당신에게 필요한 것은 논쟁이 아니라 비켜 서는 용기다. 당신의 삶을 증명하거나 항변하지 말기를. 대신 당신의 삶과 당신만이 알 수 있는 행복의 원리를 추구해보기를, 그저 지금 여기 당신의 삶으로 돌아오기를 권한다.

소중한 순간에서
삶의 실마리 찾기

삶의 고통은 바꿀 수 없는 과거의 상처, 혹은 오지 않은 미래에 대한 불안으로 우리의 시선을 고정시킨다. 만약 당신이 모처럼 하는 연인과의 데이트 시간에 잘 풀리지 않는 업무에 대한 고민을 이어갔다면, 그 시간 동안 행복한 데이트를 한 것이 아니라 연장 근무를 한 것이다. 주말에 가족들과 보내는 오붓한 외식 시간에도 머릿속에 불편해진 관계에 대한 걱정이 가득하다면, 사랑하는 사람이 아닌, 가장 피하고 싶은 그 사람과 주말 내내 함께한 것과 마찬가지다.

직관은 지금 이 순간의 소소한 기쁨이 아닌, 우리를 가장 두렵게 하는 것들에게로 끊임없이 마음의 시선을 가져간다. 그러나 육체적·생물학적 위기가 아닌 심적·관계적 위기에 시달리며 살아가는 현대인에게 이러한 패턴은 비효율적인 과잉불안을 유발한다. '자연스럽게 존재할 수 있는 삶의 불완전성'을 '반드시, 즉시 해결해야 할 심각한 위협'으로 인식하여, 그것이 완전히 해결되거나 회피될 때까지 끊임없이 불안과 걱정을 지속하는 패턴이 발생한다.

어찌할 수 없는 삶의 고통이 존재하더라도, 우리는 우리의 삶과 가치에 부합하는 소중한 순간들과 접촉할 수 있다. 그리고 이는 다시 힘과 위로가 되어, 고통이 존재함에도 소중함이 가득한 삶을 꾸준히 이어갈 수 있는 근간이 된다. 아니, 그러한 순간에 온전히 접촉하며 그로부터 주어지는 의미와 활력, 기쁨을 온전히 느끼는 것 자체가 삶의 본질일지도 모른다.

1. 어떠한 고민과 고통이 있더라도, 어차피 먹어야 할 저녁식사 메뉴를
   고심해서 고르고, 먹을 때 그 맛을 온전히 느껴보자.

2. 다른 사람의 이야기를 들을 때, 머릿속으로 다른 생각을 하거나 다음에
   내가 할 말을 정리하는 대신 온전히 상대방의 이야기에 몰입해보자.

3. 5분 동안 눈을 감고, 모든 생각과 오감을 있는 그대로 느끼자.
   예) 발바닥이 바닥에 닿는 감촉, 허리가 의자 등받이에 닿는 느낌, 에어컨
      소리, 차창 밖 오토바이와 자동차 소리, 온도와 바람의 질감, '지금 이런
      걸 왜 하고 있을까?' 같은 생각을 있는 그대로 관찰한다.

4. 날짜, 요일, 시간, 장소, 지금 내가 하는 행위를 종종 새삼스레
   되새겨보자. (나를 과거나 미래로 데려가려는 생각에 맞서 현재로 데려오는
   것이다.)
   예) 2024년 3월 마지막 날 자정, 부엌에서 지금 나는 글을 쓰고 있어.

5. 버겁고 두려운 현재의 상황을 모두 인정한 상태에서 '지금 이 상태
   그대로의 최선의 하루'를 미리 떠올려보고, 그 하루에 몰두해보자.

4장

'나'라는 현상과
진짜 '나' 사이에서

맥락으로서의
자기

잠시 눈을 감고 당신의 과거를 떠올려보자. 열 살, 스무 살, 서른 살, 마흔 살 당신의 모습을 그려보자. 처음 학교에 입학했을 때, 입시의 어려움 끝에 신입생의 설렘 혹은 실패의 쓴맛을 느꼈을 때. 사회에 첫발을 내디뎠을 때, 사랑하는 사람을 처음 만나고 아프게 헤어졌을 때. 평생을 함께할 배우자를 만났을 때. 자녀가 세상에 처음 왔을 때. 평생 다닐 것이라 굳게 믿었던 직장을 나오게 되었을 때…

각각의 시기마다 당신이 떠올리는 당신의 모습이 있을 것이다. 외모, 성격, 직업, 나이, 대인관계… 그때마다 당신의 모습, 통상 우리가 '나 자신이라 인식하는 요소들'은 매 순간 제각기 달랐을 것이다. '내가 나라고 믿는 나 자신'이 끊임없이 변화한다. 그중 진짜 당신의 모습은 무엇인가. 만약 어느 시점의 모습을 '진정한 나'라 정했다면, 그와 다른 시기의 당신은 진짜 당신이 아닌 걸까.

그때의 마음 상태, 하는 일, 나이, 관계 같은 무수히 많은 요소가 조합되어 '그 시기의 당신이라는 현상'을 만들어낸다. '알고 보니 나는 이런 사람이었다'라는 인식조차 지금 피어난 찰나의 현상일 뿐이다. 자기 자신이라는 어떠한 고정된 것, 정의된 것은 존재하지 않는다. 당신이 당신이라고 믿는 모든 것은 우주와 같은 당신의 일부일 뿐이며, '당신이라는 그릇에 현재 일시적으로 고인 현상'이다.

그러한 현상을 당신의 마음 깊숙한 곳에서 그저 내려다보고 있는 시선이 존재한다. 그 근원적인 시선은 당신이 태어나고부터 지금까지, 수많은 사선을 넘나들며 기뻐하거나 절망하는 모든 순간 그저 당신을 지켜보고 있다.

그 시선이 진짜 당신이다. 맥락에 따라 변화하는 당신이라는 현상을 바라보는 시선, '맥락으로서의 자기'다. 그 진정한 당신은 위협받은 적이 없다. 끊임없이 변화하는 삶의 과정을 있는 그대로 따뜻하게 보듬어주는 존재다. 내 마음속에 존재하지만, 마치 한 단계 높은 차원에서 나를 내려다보듯 위로해주는 시선이다.

1. '지금 당신이란 누구인가'에 대한 답을 최대한 많이 떠올려보고 (나이, 직업, 성별, 가족 구성, 좋아하고 싫어하는 것⋯ 어떤 것도 좋다) 그것들이 당신이라고 할 수 있는지 되돌아보자.

2. 지금 스스로에 대한 인식과 과거에 당신이 스스로에 대해 가졌던 인식은 같은지, 혹은 그렇지 않은지 생각해보자. 만약 다르다면 그중 무엇이 진짜 당신인지 생각해보자.

3. 스스로 내린 당신에 대한 정의 중 가장 마음에 드는 정의를 골라보고, 그 정의가 삶 전체, 모든 순간에 적용될 수 있는지를 생각해보자.

4. 가족 구성원의 변화, 건강의 큰 변동, 이직, 관계 단절 같은 삶의 변화를 경험하며 스스로에 대한 인식이 바뀔 때, 이러한 일을 경험하기 전과 후의 당신은 같은 사람일지 다른 사람일지 생각해보자. 같은 사람이라면 이유가 무엇이며, 다른 사람이라면 이유가 무엇인지 생각해보자.

5. 당신이 당신을 이루는 요소라고 믿고 있는 것 중, 30년 뒤에도 똑같이 유지될 것으로는 어떤 것이 있을지, 그것이 유지되리라는 확신은 얼마나 강한지 생각해보자.

본능에 따르지 않으면
위선일까?

**여러 가면 사이에서
갈등하는 당신에게**

"선생님. 고등학교 때까지는 안 그랬는데 대학교 들어간 이후부터는 쭉 가면을 쓰고 살아온 것 같아 고민이에요. 사회생활을 하고부터 그런 느낌이 더 심해졌어요."

오래 만나 농담도 자주 나누는 환자가 문득 물어왔다.

"가면을 쓴다는 건 어떤 의미인가요?"

"왠지 제가 하는 말이 다 가식 같고, 표정도 솔직하지 못하고, 속으로는 화가 나는데 참기도 하고, 웃으면서 하루를 보내지만 늘 마음은 그런 게 아니기도 하고…"

퍼뜩 떠오르는 비유가 있어서 웃으며 답했다.

"저는 금괴를 가지고 싶어요. 그럼 금은방에 들어가서 금괴를 가지고 나오면 솔직한 것이고, 금괴를 가지고 나오지 않으면 가식적인 걸까요? 혹은 좋아하는 사람이 생겼다고 할게요. 하지만 그가 저에게 호감이 있는지는 잘 몰라요. 무작정 고백을 하고 만날 때마다 애정을 표현하면 솔직하고 좋은 걸까요? 반대로 천천히 기다리고, 배려하고, 친밀감을 쌓아가며 저를 알아갈 시간을 준다면 가면을 쓰고 사는 걸까요?"

나도 20대 때는 속내를 모두 드러내는 것만이 진실한 것이라 오해했다. 날카롭고 쓴 말인 줄 알면서도 '속에 저절로 떠오른 말이라면' 입 밖으로 꺼내야지만 솔직한 것이라 생각했다. 반면 아무리 다정하고 상대를 배려하는 말과 행동일지라도 직관적이지 않고 판단을 거친 것이라면 가면을 쓴 모습이자 가식이라 간주했다.

지금 돌이켜보면 그러한 말과 행동은 솔직한 것이 아니라 미숙한 것이었다. 솔직함으로 포장한 아집이었다. 좀 더 나은 말과 행동을 할 수 있는 상황에서도 인위적인 것을 거부하고 떠오르는 대로의 말과 행동에만 충실했다. 그 과정에서 아끼는 친구를 상처입히기도 했고, 사랑하는 사람과 멀어지기도 했다.

반대로 가면을 쓴 것이라 힐난했던 태도는 오히려 서로의 행복을 위하는 성숙과 배려였다. 이는 기망이나 사기와는 다르다. 거짓된 포장으로 타인에게 피해를 줄 수 있는 의도를 감추는 것과, 본능만 따르기를 거부하고 상황에 걸맞은 말과 행동을 하는 것은 전혀 다르다. 하지만 우리는 종종 이 두 가지를 같은 것으로 오해한다. 그 오해는 속에서 떠오르는 것을 그대로 표현하는 것이 진실하다는 인식으로 이어진다. 그 인식은 이성적이고 합리적으로 다음에 할 말과 행동을 고민하는 것을 가식이나 위선이라고 폄하한다.

✳

20년 지기 친구들을 만나면 말이 거칠어진다. 사투리도 심해지고(내가 평소 서울말을 쓴다고 하면 서울 지인들이 늘 웃는데, 왜 웃는 걸까) 비속어를 사용하기도 한다. 강연이나 중요한 모임, 공식적인 자리에서 사용하는 단어와 어조는 물론 다르다. 자연스럽게 그렇게 되기도 하고, 의식적으로 말과 행동에 조금 긴장을 더 한다. 나는 가면을 쓴 걸까.

그렇지 않다. 단지 내게 또 하나의 나, '그러면 좋을' 레퍼토리를 추가했을 뿐이다. 그 모두가 나다. 역으로, 저절로 생겨나는 본능이라는 아주 좁은 범위의 내 모습만을 나라고 한정 지을 이유가 없다.

나는 무한하다. 어떤 모습도 시도할 수 있고, 매일 다른 삶, 다른 모습을 시도하며 그중 내게 좋은 것들을 쌓아갈 수 있다. 오늘도 나에게 가장 좋은 나의 모습을 매 순간 고민한다. '가장 좋은 나'가 무엇일지를 고민하는 그 자체가 스스로에게 가장 진실한 것이다. 가면을 쓰는 것이 아니라, 직관적으로 떠오르는 것을 무작정 따르기를 거부하는 것이다. 오히려 깊이 생각하여 원하는 삶에 가장 부합하게 살아가는 것이 내게는 가장 진솔한 것이다. 더욱 나은 존재가 되고 싶다는 것만큼 본질적인 욕망은 없기 때문이다.

10년 전의 나, 1년 전의 나, 심지어 어제의 나와도 오늘의 나는 미묘하게, 때로는 송두리째 다르다. 오늘처럼 내일도 나는 아침에 눈을 뜰 것이고, 생각하고, 행동하고, 이야기할 것이다. 나라는 고정된 실체가 존재하는 것이 아니라, 그 현상의 연속, 이어짐이 그 자체로 '나'다. 가짜 모습을 연기한다는 관점 대신, 매일 그 '나라는 현상'이 내가 바라는 모습에 가까울 수 있게 하루를 보낸다고 생각을 전환해보면 어떨까.

공부는 늘 즐거울 수 없다. 때로는 피곤과 귀찮음을 무릅써야 한다. 그렇다면 책을 읽고 강의를 듣는 나는 '공부하는 나'라는 가면을 쓴 것일까? 그렇지 않다. 지식을 쌓고 대가인 선생님들의 경험을 경청함으로써 나를 찾는 이들에게 더욱 큰 의미를 돌려주는 것이 내게 좋기 때문에 그렇게 할 뿐이다.

지극히 자기중심적이고 이기심 덩어리인 내가 기부를 하고 지역사회에 공헌하고자 하는 것도 마찬가지 이유다. 우리 아이들이 살아갈 환경을 좀 더 좋게 만들어갈 수 있다는 기대, 내 아이처럼 느껴지는 도움이 필요한 아이들에게 작지만 필요한 것을 나눌 수 있다는 기쁨, 이런 의미를 추구하는 것이 내게 좋기 때문에 하는 것이다.

본능적이고 직관적인 생각과 느낌에서 벗어난다고 해서 가면이 아니다. 오늘의 나는 어떤 내가 되어볼까, 어떤 내가 가장 최선의 나인가, 이를 고민하는 모든 순간 그 자체가 가식 없이 '진짜 나'다. '저절로 찾아오는 느낌과 생각'만이 진정한 나라고 인식하는 것은, 삶을 합리적이고 이성적이면서도 진정성 있게 충만하게 변화시킬 수 있는 각자가 지닌 고유한 힘을 너무 간과하는 것이다.

✳

환자에게도, 가면을 쓰고 살아가는 것이 고민이라면 오히려 저절로 떠오르는 '본능적인 것만이 진정한 나'라는 너무 좁은 틀에 스스로를 가두는 것은 아닌지 생각해보기를 권했다. 나는 농담을 이어갔다.

"만약 ×× 씨가 앞으로, 본능은 그렇지 않더라도, 지금부터 100년을 꼬박 그 가면이라는 것을 쓰고 살다 죽는다면 어떤 것이 페르소나이고 어떤 것이 진짜 나일까요?"

그도 빙긋 웃더니, 그냥 스스로에게 가장 좋은 스스로의 모습을 떠올리며 살겠다고 했다.

나도 그렇게 살아야지, 속으로 생각했다. 오늘 내가 행하는 것, 말하는 것, 그것이 오늘의 나다. 그 '오늘의 나'가 '내가 원하는 나'와 가까워지는 하루하루를 100년 동안 쌓아가려 한다. 지금도 그런 마음으로 쓰고 있다.

믿을 수 없으니
'믿음'이라는 단어를 쓴다

때로 나 자신과 스스로의 삶을 좋아한다는 것이 얼마나 녹록
지 않은 일인지 생각한다. 나를 찾는 수많은 이가 다양한 이
유로 자신의 존재 자체를 불편해한다.

사랑받아본 기억이 없어서, 시험이든 취업이든 사업이든
시도하는 일들이 반복해서 좌절되어서, 외모가 불만족스러
워서, 신체적인 불편함이 존재해서…. 수없이 많은 이유로 우
리는 스스로를 믿지 못한다.

내로라할 만한 직장에 단번에 합격하기는 어렵다. 그보다
는 수십 번 이상 이력서를 제출하고 면접을 봐도 뾰족한 수를
찾지 못하는 경우가 더 흔하다. 무난한 대인관계라는 말은,

사람 때문에 생긴 트라우마로 힘들어하는 어떤 이에게는 불가능한 미션으로 여겨지기도 한다. 어느 누군가에게는 당연한 사랑이, 다른 누군가에게는 태어나서 한 번도 경험하지 못한 감정일 수도 있다.

그래서 나는 잘하고 있다, 나는 나를 믿는다는 자각은 쉽지 않다. 남들만큼 사는 것처럼 어려운 일도 없다. 일정한 수입을 통한 사회적 독립, 무난한 대인관계, 안정적인 일상과 보장된 미래… 남들의 기준이 일반적이라 하기 어려운 성공에 초점이 맞춰져 있기 때문이다.

그러나 사회는 스스로를 믿으려면 그 정도의, 비일반적이지만 보편적이라 이야기하는 성공의 결과물을 얻어낼 수 있어야 한다고 말한다. 나는 이런 것을 소유하고 있으며 이런 일을 해낸 사람이다, 그러한 근거가 존재해야 나 자신을 믿을 수 있다는 결과론적인 논리다. 믿음에 전제 조건이 부여되고, 그 조건을 충족한 사람들만이 '스스로를 믿을 특권'을 얻는 셈이다. 그 특권을 소유한 사람들은 자신감을 부여받으며 다음 여정을 나아간다.

반면 그에 해당하지 않는 사람들은 침묵한 채, 자신의 부족함을 탓하며 소외된다. 스스로에 대한 믿음을 형성할 만한 과정이 없었던 사람들은 자신을 믿을 수 없으니 삶을 이어가도 의미 있는 변화나 행복이 주어질지 확신할 수 없다. 삶이 나아질 수 있다는 근원적인 믿음을 잃어버려 나름대로 최선의 한 발을 내디딜 용기조차 내지 못한다.

*

지금까지의 경험으로 미루어 내가 어떻게 잘못될 수밖에 없는지 검토하다 보면 삶이 녹록지 않으리라는 생각과 고된 느낌이 밀려온다. 이는 과거를 복기하며 미래를 대비하려 하는 인간의 속성으로 인한 자연스러운 일이다. 스스로가 얼마나 문제가 있고 삶이 어떻게 잘못되었는지를 분석해, 그 원인을 찾아 해결하고 나아질 방법을 찾고 싶은 욕망은 중독성이 있다. 마치 술, 담배, 마약처럼 어째서 자신이 잘못되었는지를 검토하는 생각이 우리에게 스며든다.

그러나 자연스럽게 일어난다는 것과 내게 좋은 변화와 영향을 일으킨다는 것은 다른 이야기다. 달고 짜고 자극적으로 입에 당기는 음식을 계속 먹고 싶지만, 맛으로만 식사를 결정한다면 건강을 해치게 마련이다.

스스로가 얼마나 믿을 만한 구석이 없는지, 어떻게 잘못되었는지를 분석하는 생각 역시 마찬가지다. 그 결과는 우리의 기대와 반대로 일어난다. 자신과 과거에 대한 비판적 통찰을 통해 앞으로 나아갈 길을 찾기보다는 어째서 삶이 나아지기 어려운지, 왜 스스로를 믿을 수 없는지 파고들어 좌절만을 더하기 쉽다.

물론 그간의 나 자신과 삶에 어떤 문제가 있었는지를 냉철하게 돌아보고 이해해보자는 취지가 잘못되었을 리는 없다. 그러나 '아픔과 좌절을 되돌아보며 앞으로는 어떤 방향으로 나아갈 수 있을지'를 생각하는 것과 '지금까지 꾸준히 잘못되고 어그러져왔으니 앞으로도 그러한 실패를 반복할 수밖에 없을 것'이라고 예측하는 것은 비슷한 듯 완전히 다르다.

불확실한 미래가 괜찮을지 확신하기 위해서는 '최악의 가정에 대한 답 찾기'라는 난관을 넘어서야 한다. 그러나 우리의 상상력은 무한하다. 과거의 아픔을 바탕으로 어째서 어떻게 나빠질 수밖에 없는지를 생각하기 시작하면, 끝도 없이 스스로를 절망에 밀어 넣을 수 있다.

그러니 냉철한 이성과 인과론, 사실관계만으로는 불확실한 삶을 살아가기에 충분치 않다. 확신을 주지 않는 삶을 살아가려면 조금은 다른 형태의 '믿음'이 필요하다. 억지로 '부정적인 생각을 하면 안 돼, 이런 건 잘못된 생각이야, 나를 믿어줘야 해!' 하고 다그치는 것은 실효적이지 않다. 그러한 관점은 '스스로를 믿지 못한다는 문제'를 하나 더 파생시킬 뿐이며, 그런 생각이 드는 나는 잘못되었다는 문제적 인식을 추가하기 때문이다.

한편 무조건 인생이 생각대로만 풀릴 것이고, 나는 잘 해낼 것이라 애써 자신하는 마음을 믿음이라 표현하고 싶지도 않다. 분명 모든 것이 생각대로만 이루어질 수는 없으므로 그러한 억지 안심은 삶의 난관 앞에서 힘없이 무너질 텐데, 그 순간 우리는 미뤄왔던 더 깊은 좌절을 만나게 될 것이기 때문이다.

✳

그래서 조금 다른 형태의 믿음을 제안한다. 다음과 같은 생각의 흐름을 따라가보자.

'지금까지 고생했던 것, 실패하고 좌절해온 경험을 생각하면 부정적인 생각이 드는 것도 너무 당연해. 그만큼 힘들었다는 증거일지도 몰라. 다만, 나는 지금 한 번뿐인 삶을 살아가고 있고, 이왕이면 의미와 행복을 따라가는 삶을 살고 싶어. 그러니 어색하고 불편하겠지만, 자꾸만 실패의 아픔이 떠오를지도 모르겠지만, 어떻게 내가 잘못되어왔고 그래서 앞으로 잘못될 수밖에 없을지를 생각하는 대신, 지금부터의 삶을 어떻게 살아가면 좋을지를 떠올려보는 건 어떨까? 그리고 지금까지의 삶과 아픔에도 불구하고 나는 나아갈 수 있다고, 꾸준히 살아낼 수 있다고 믿어주면 어떨까?'

즉 따뜻한 제안으로서의 믿음이다. 모질고 녹록지 않은 삶을 이어가고 있지만 지금 이 순간에도 끊임없이 고민하며 최선을 다하고 있다는 격려. 그간의 내가 얼마나 고단했는지를 다독여주는 위로. 그리고 그럼에도 나는 한 번뿐인 삶이라면 다가가고 싶은 의미와 행복을 꾸준히 추구할 것이라는 다짐. 그것이 나의 믿음이다.

내일도 해가 뜰 것이라는 생각은 믿음이 아니라 사실에 기반한 추론이다. 삶은 아름다울 수 있다, 우리는 좀 더 나은 우리가 될 수 있다, 살다 보면 아직은 찾지 못한 의미와 행복을 만날 것이라는 게 믿음이다. 그럴 것이라 확신할 수는 없지만, 한 번뿐인 삶에서 추구하고 싶은 것들이다. 믿기 어려워 믿음이라는 단어를 쓴다. 반드시 이루어질 것이라는 확신이 존재하지 않기에 희망을 품는다.

주어진 삶 동안 원하는 인생으로 향하는 문을 반복해서 두드릴 수 있는 자유와 권리가 우리에게는 있다. 그러니 세상이 모두 나를 의심하더라도 내가 오늘 시도할 수 있는 것들에 대해 이야기하자. 한 번 더 스스로를 믿어주자. 믿을 만한 이유가 없을수록 더욱더 어깨를 두드려주자. 믿을 수 없으니 믿음을 가져본다. 스스로를 도저히 믿을 수 없다는 생각이 밀려올 때, 그때야말로 진정으로 당신을 믿어줄 수 있을 때다.

나에게 다정한
연인이 되어주는 법

자신을 사랑하는 방법을
모르는 당신에게

10여 년 전만 해도, 누군가를 좋아한다면 상대방은 관심이 없더라도 지속적으로 마음을 표현하는 것을 낭만으로 여겼던 기억이 난다. '열 번 찍어 안 넘어가는 나무 없다'라는 속담처럼 시도 때도 없이 찾아가거나, 연락하거나, 선물 공세를 하는 등의 방식이 짝사랑을 이루기 위한 방법이라 인식되기도 했다.

그러나 요즘 그러한 방식은 스토킹으로 고발당하기 십상이다. '고백 공격'이라는 말이 생길 정도로 사회적 인식에 많은 변화가 있었다. 상대방의 상황이나 마음을 고려하지 않는 일방적이고 맹목적인 애정 공세는 아름답기보다는 두렵고 부담스러운 것으로 이해된다. '당신을 얼마나 사랑하는지'라는 나의 입장보다 '사랑을 표현할 때 당신은 어떠할지'를 먼저 고려하고 배려하는, 관계를 대하는 좀 더 성숙한 방향으로의 변화가 아닐까 한다.

연인이란 단 한 사람에게만 허락할 수 있는 자리이기에 우리는 누군가를 연인으로 인정하기까지 숙고를 거친다. 나와 함께하는 것이 그에게도 행복이 될 때 우리는 타인의 마음을 얻을 수 있다.

"너 요즘 살이 좀 찐 것 같아." "아직 직장은 못 구했어?" "그렇게 하면 안 되지 않아?" 이렇듯 만날 때마다 내가 어떤 면에서 부족한지, 문제가 있는지를 평가하고 지적하며 판단하는 사람과 함께하면서 행복할 수 있을까. 나름대로 좋은 방향을 제시하려는 말이라 해도 외면하고 싶다. 만나기 전부터 오늘은 무슨 말을 들을까 위축되고, 돌아서고 싶다.

때때로 현실을 돌아보게 해주고, 미처 생각지 못했던 지점을 다시 보게 해주는 날카로운 조언은 삶에 꼭 필요한 소금과 같다. 그러나 그러한 이야기만 반복하는 사람과의 관계는 너무 짜서 견디기 힘들다. 가끔 만나 밋밋한 일상에 간을 맞추기에는 좋지만 매일을 함께하기에는 버겁고 불편하다.

반대로 우리가 사랑을 느끼는 사람은 어떤 사람일까. 사소한 것을 기억해주는 사람. 나의 미묘한 감정선을 소중히 여겨주는 사람. 힘든 순간이라도 따뜻한 말과 미소를 잃지 않는 사람. 언제고 삶의 위기가 오더라도 함께한다면 든든할 사람. 늘 서로 아껴주고 지지해줄 거라는 믿음을 주는 사람. 존재만으로 힘이 되는 사람. 우리가 사랑하는 사람은 그런 드문 사람들이다. 그런 사람에게 우리는 마음이 열린다.

그러므로 스스로를 사랑하고 싶다면 '내가 나에게 좋은 존재가 되는 것'부터 시작해보면 어떨까.

＊

'자기 부정과 혐오를 거치지 않은 자기 긍정은 모래성 같은 가짜다.' 전공의 수련 과정에서 은사님에게 들었던 이 말은 아직도 선명하게 기억에 남아 있다. 살다 보면 지금까지 쌓아온 가치관이 무너지고, 명확해만 보이던 선과 악의 경계가 모호해지고, 진심을 다한 노력과 사랑도 얼마든지 배신당할 수 있음을 알게 되는 시기가 온다.

그래서 우리가 스스로를 사랑하기 위해 사랑할 만한 이유를 찾는 것은, '결과론적인 사랑'을 추구하는 것은 실패하고 부정당하기 쉽다. 사랑할 만한 이유는 바라는 대로 이루어지기 어렵거나 변하기 때문에, 때로 좌절과 아픔이 존재할 수밖에 없는 삶에서 그런 사랑은 유지되기 어렵다.

실망과 좌절, 자신에 대한 부정과 혐오에도 불구하고 우리는 살아갈 예정이라서 스스로를 사랑하기로 '택하는' 것이다. 고단하지만 꿋꿋이 삶을 이어가는 내가 가련하고도 대단해서, 살아가다 보면 의미 있는 순간도, 행복도 만날 수 있다는 믿음을 놓고 싶지 않아서, 그래서 스스로를 좀 더 아껴주기로 한다.

물론 쉽지만은 않다. 그래서 어떻게 해야 할까.

＊

나를 사랑해야지, 라고 생각하기 전에 '내 마음의 입장에서 어떤 방식이 자신을 사랑하는 것이라 느끼게 될지'를 생각해보면 좋겠다.

내가 자신에게 꼭 만나고픈 연인이 되어주자. 힘들 때는 가벼운 위로와 농담을 건네며 어깨를 주물러주자. 평가나 판단은 잠시 내려두고 누구도 모르는, 나만이 알 수 있는 슬픔을 들어보자. 쉬는 날이면 좋아하는 풍경을 찾고, 특별한 날이 아니더라도 좋아하는 음식 레시피를 챙겨 마트에 들러 재료를 사고 서툴게 요리해보자. 사소한 나의 기쁨과 슬픔을 기억해주자.

따끔한 조언이 필요하더라도 따뜻함을 담아보자. '정신 차려' '이대로는 안 돼'라는 습관적인 자기 비하나 압박보다는 꼭 필요한 제안에 격려를 함께 담는 것이다. '쉽진 않겠지만 한번 해볼까.' '꼭 필요한 선택이라면 조금은 과감해져도 괜찮아.' '어떤 어려운 상황이 다가오더라도 같이 힘을 내줄게.' 누군가에게 꼭 듣고 싶지만 듣기 어려운 말을 스스로에게는 얼마든지 해줄 수 있다.

지금 나의 마음에 어울리는 음악을 잊지 않고 틀어주는 사람, 좋아하는 장소를 기억했다가 그곳이 꼭 필요한 순간에 같이 가자고 제안하는 사람, 지금 이 순간에 필요한 세심한 배려를 보이지 않게 챙겨주는 사람, 누구라도 사랑하지 않을 수 없는 연인 같은 존재. 스스로에게 그러한 존재가 되어주는 것, 나 자신에게 '좋아하는 형태의 일상과 삶'을 선사해줄 수 있는 사람이 되는 것. 내가 제안하는 나를 사랑하는 방식이다.

*

사랑하며 살다 보니 느끼는 게 있다. 처음의 기호와는 별개로 시간이 쌓이면 기준이 사랑하는 사람으로 바뀐다는 것이다. 아내보다 키가 크면 키가 큰 사람, 작으면 작은 사람이 된다. 첫째보다 눈이 작으면 작은 아이(아빠랑 다르게 눈이 큰데도, 내 눈보다 아이의 눈이 기준이 된다)로 보인다. 기준에 흡족한 사람을 사랑하게 되는 것이 아니라, 사랑하는 사람이 기준이 되는 원리다.

나 자신을 사랑하면서 스스로가 세운 기준을 적용할 수 있기를 바란다. 좋아하는 음악을 들을 때 나만이 느낄 수 있는 감동, 좋아하는 바닷가 풍경 속에서 머물 때 나만이 느낄 수 있는 위로. 아무리 번잡한 세상의 기준이 나를 몰아세워도 그 느낌을 기억하는 것이다.

예기치 않은 순간 일어나는
마음의 순환

───────────────────── 사소한 진심의 고리를
놓쳐버린 당신에게

대다수의 사람은 먹고살기 위해, 혹은 잘 먹고 잘 살기 위해 일을 한다. 나 역시 가족과 내가 먹고살기 위해 진료를 하고 돈을 받는다. 누구도 생계의 굴레에서 자유로울 수는 없다.

　돈에 초연한 태도를 보이는 이들은, 애초에 돈 걱정을 해본 적이 없거나 애써 스스로의 욕망을 억누르는 중일 것이라 간주하는 나의 시각은 지나치게 편협한 것일까. 어린 시절 공동 화장실을 쓰는 단칸방에 세 들어 살며 집주인의 갑질을 경험해본 적이 있는 나는 위선으로 돈을 대하는 태도에 거부감이 크다.

　하지만 '돈을 받고 진료를 한다'만으로 환자와의 관계를

표현하는 것은 너무도 빈약하고 부족하다. 자본주의 사회에서 태어나 물질적 가치의 신봉자로 평생을 보내는 우리는 가치를 경제적인 척도로 치환하는 데 익숙하다. 그렇지만 그것만으로 사람과 사람 사이를 오가는 마음을 다 담을 수는 없다.

＊

라멘 한 그릇을 먹더라도 오랫동안 같은 집에 가면 안면이 익는다. 다섯 번 정도 들르면 "정말 맛있다"라는 표현을 하는 데 쑥스러움이 덜해진다. 열 번 안면을 트면 주인아저씨에게 어떤 재료를 어떻게 쓰는지, 주말에는 서울 어디 라멘집에 수행을 다녀왔는지를 들을 수 있다. 그 가게에서 지불하는 9,000원과 낯선 얼굴뿐인 패스트푸드점에서 지불하는 햄버거세트 가격 9,000원은 같을 수 없다.

인연이 되어 차근차근 깊어지는 마음은 서비스와 대가가 오고 가는 것만으로는 온전히 표현할 수 없다. 같은 카페, 같은 가격, 같은 메뉴의 커피라도 처음 보는 아르바이트생이 내려준 것과 오래도록 커피 이야기를 나눈 '그' 사장님이 직접 내려준 것은 맛이 같을 수 없다. 먹고사는 문제에는 비할 바가 못 되는 사소한 가치지만, 그 소중함이 우리를 살게 한다.

그래서 우리는 타인의 친절에 마음이 열리는가 보다. '돈을 냈으니 무슨 이야기 하는지 한번 들어나볼까, 빨리 약이나 줘'라는 뉘앙스로 나를 대하는 이들도 없지는 않다. 그러나 타과보다 오래, 가족에게도 못 할 이야기를 깊게 나누는 정신과 진료의 특성상 오래도록 마주한 이들이 나를 그렇게 대하는 경우는 거의 없다.

지극히 일상적으로 크리스마스를 축하하고, 새해의 복을 기원하고, 코로나와 A형 독감을 걱정한다. 서로가 행복하기를 바란다는 것을 늘 느끼고 되새긴다. 약, 정교한 면담 기법보다도 진정으로 마음을 위로하는 건 그 '닿아 있음'을 느끼는 것이 아닐까 늘 생각한다.

항상 환자들에게 주장(?)하는 것이지만, 정신과 의사는 진료 과정에서 철저히 약자다. 늘 같은 방에 앉아서 나를 찾는 이들이 내 이야기에 귀를 기울여주기를 바랄 수밖에 없다. 약을 처방한들 먹지 않으면 그만, 진심을 담아 이야기를 전해도 무시해버리면 그뿐이다.

그렇기에 부족한 메시지를 가슴에 담고 살아가주는 환자들이 고맙다. 내가 '당신의 삶이 더 나아지기를 진심으로 바란다'라는 마음으로 그들을 바라보고 있음을 믿어주기에 가능한 일이기 때문이다.

*

오늘은 진료를 마친 환자가 내게 선물을 건넸다. 치료적 관계에 부적절하거나 악영향을 줄 수 있는, 혹은 다른 의도를 담아 전하는 선물은 용기를 내어 거절하지만, 고된 마음을 평온하게 해주는 따뜻함이 담긴 선물은 늘 반갑다. 그들은 내게서 치유를 얻었을지 모르나, 나 역시 매일같이 집과 좁은 진료실, 방과 방을 왔다 갔다 하며 느끼는 고독감을 치유받는다.

그 치유는 믿음으로 이어진다. 나름대로 길을 떠올리며 공부든 진료든 매진한 마음이 그리 헛되지는 않았다는 믿음. 이는 다시, 나를 찾는 모든 이에게 더욱 성심을 쏟게 하는 힘이 된다. 작은 의원 진료실에서 당사자들은 모르게 오고 가는, 서로가 서로를 위로하는 힘의 순환이다.

이 글을 통해 당신을 그 순환으로 초대하고 싶다. 그 인연을 빌려 당신에게도, 예기치 않게 가장 좋아하는 동물과 음악이 담긴 오르골을 선물받은 오늘 내 마음의 따뜻함이 전해지기를 바라본다.

과거, 현재, 미래의 나에게
각각 말 걸어보기

정해진 '나'란 허상이다. 달리 말하면 매 순간, 모든 당신이 당신이다. 좋은 일이 있어 한없이 너그럽고 여유 있는 모습도 당신이며, 스트레스를 받고 두려움이 가득해 예민하고 초조하며 쉽게 화를 내는 모습 역시 당신이다.

늘 우여곡절이 반복되었고 지금도 좌충우돌 중인 우리의 삶. 조금 더 깊숙이 있는 그 '맥락으로서의 자기'의 시선을 빌리면, 단지 꾸준히 이어왔고 또 이어지는 것이 삶이 된다. 당면한 위협이나 두려움은 나라는 그릇에 잠시 담겼다가 소멸하는 현상이다. 그렇게 삶은 이어지며, 그것을 바라보는 깊은 마음속 시선이 진정한 당신이다.

1. 지금 책을 읽으면서, 당신이 책을 읽고 있다는 사실을
   알아차려보자(과정으로서의 자기). 그리고 책을 읽고 있다는 사실을
   알아차렸다는 것을 알아차리는 존재, 시선을 느껴보자(맥락으로서의
   자기).

2. 당신의 삶이 위협받았던 때를 지금 시선으로 돌아보면 어떠한 생각이나
   감정이 드는지 떠올려보고, 그로부터 받은 영감을 지금의 삶의 어려움에
   적용해보자.

3. 당신이 아는 가장 따뜻한 사람을 떠올려보자. 그리고 지금 당신이
   경험하는 어려움에 대해 그 사람이 당신에게 건넬 만한 '가장 따뜻한
   조언'을 떠올려보자.

4. 지금의 당신이 그대로 과거로 돌아가 가장 힘들었던 순간의 당신을
   만난다면 어떤 이야기를 해줄지 떠올려보자.

5. 앞으로의 삶이 당신이 바라는 대로 이루어질 것이라 상상해보고, 그러한
   미래에서 지금을 돌아보았을 때 지금의 삶의 과정을 어떻게 표현할지
   떠올려보자.

3

이제 나의 불완전함을
새로이 이해한다

어떤 일이 일어날지를 선택할 수는 없으나,
우리에게는 일어나는 일에 대한
태도를 선택할 자유가 있다.

_빅터 프랭클

5장

다가올 모든 순간의
최선을 찾아서

전념

전념은 삶의 고됨을 기꺼이 감수하며 삶의 의미와 가치를 추구하는 모든 행위다. 당신이 오늘, 지금 여기에서 전념할 수 있는 것은 무엇인가. 한 번뿐인 나의 삶, 하루, 지금 이 순간을 가장 가치 있게 보낼 수 있는 행동은 무엇인가. 당신은 그 행동들의 총체다. 가치를 자각하고 그에 입각한 순간을 보내는 데 익숙해지다 보면 당신도 느낄 것이다. 순간의 쾌감이나 기쁨, 안도가 아닌, 당신이 소중하게 여기는 것들에 다가가고 있다는 근원적인 충만함을.

그러한 감동을 주는 행동을 매 순간 그저 이어나가는 것이 전념이다.

1. 당신이 지금 매진하는 일이 당신이 간절히 바라는 것을 추구해서인지,
   혹은 두렵고 버거운 것을 회피하고 싶어서인지 구별해보자.

2. '제발 편안해지고 싶어' '아무 걱정 없이 사는 게 내가 제일 바라는
   거야'같이, 추구를 가장한 회피를 표현하는 문장에 익숙하진 않은지
   돌이켜보자.

3. 힘든 것을 피하려 할수록 함정에 빠진 것처럼 삶이 더욱 불행해지는
   경험은 없었는지 되돌아보자.

4. 죽을 때까지 돈 걱정 필요 없는 비현실적인 부, 평생 유지될 수 있는
   대인관계같이, 일견 추구인 듯하지만 회피와 연결될 수 있는 지나친
   목표에 맹목적으로 매진하진 않는지 돌아보자.

5. 한 번뿐인 삶이라도 아쉽지 않을 만한, 당신이 살아가고 싶은 모습은
   어떤 것인지 떠올려보자.

불안의
두 얼굴

조현병 치료제 중 아리피프라졸이라는 약이 있다. 이전 치료
약들은 뇌에서 도파민의 활성을 일방적으로 막는 작용을 하
는 데 반해 이 약은 도파민의 활성이 부족한 수용체에서는 활
성을 늘려주고, 과다한 곳에서는 활성을 감소시켜주는 기전
으로 약효를 낸다. 이 특수한 기전으로 부작용이 적으면서도
효과가 좋아 한때 미국 기준으로 무려 모든 약 중 처방 1위
(정신과 약 중에서가 아니다!)를 달성하기도 했다. 후속 연구를
통해 이 약이 조현병뿐만 아니라 조울증, 우울증, 틱, 강박 등
의 질환에도 치료 효과를 낸다는 것이 밝혀져 타 질환에도 널
리 사용된다. 특히 주로 세로토닌, 노르아드레날린 물질의 조

절로 효능을 내는 기존의 우울증 약들에 비해 도파민을 조절하는 작용이 일상의 활력을 더하는 데 도움이 된다. 이러한 기전에 따라, 단순 항우울제를 처방해도 반응이 제한적인 환자에게 해당 약을 종종 부가요법으로 처방한다.

우리 병원에서는 처방하는 약의 성분명과 이에 대한 설명이 담긴 안내문을 함께 제공한다. 그런데 이 안내문이 역효과를 낼 때가 있다. 아리피프라졸에 대해 조현병 치료라는, 편견이나 오해를 불러일으킬 수 있는 단어가 포함되어 많은 환자나 보호자들이 걱정하곤 하는 것이다.

조현병 치료제, 항우울제, 항불안제, 수면제 등의 용어는 그 자체로 미스노머misnomer, 부적절한 용어라고 개인적으로 생각한다. 같은 기전의 약이라도 다양한 질환군의 다양한 상태를 치유하는 데 활용되기 때문이다. 각 약은 각기 특이적으로 뇌와 신체에서 도파민, 세로토닌, GABA(감마 아미노부티르산gamma-aminobutyric acid), 노르아드레날린 등의 신경전달물질을 조절하는 효능이 있다. 불안증을 조절하는 항불안제가 불안으로 인한 불면을 함께 치유해주기도 하고, 우울증에 주로 효용을 보이는 약이 불안장애에도 효과가 있을 수도 있으며, 조현병에 특효인 약이 조울증이나 우울증에도 도움이 될 수 있다.

따라서 진단적인 범주와 그에 따른 입증된 효능이 중요하지만, 실제 처방은 불면증에 수면제, 우울증에 우울증 약을 처방하는 식으로만 이루어지지는 않는다. 같은 우울증이라도 무기력이 심해서 손가락을 까딱할 수 없는 경우와 불안 초조감이 끊임없이 밀려오는 경우의 약이 같을 수는 없다. 처방은 단순히 '우울하다' '불안하다' '잠이 안 온다'라는 문장으로는 표현되지 않는, 환자 상태에 대한 세밀한 평가를 바탕으로 적재적소에 이루어진다.

그럼에도 많은 보호자가 단순히 용어에 대한 인식 탓에 '우울증으로 치료받으러 간 아이가 왜 조현병 약을 받아 오느냐' '이런 약은 먹지 마라'라고 한다. 이러한 보호자의 불안으로 인해 환자에게 효능이 좋았던 약 복용이 중단되거나, 심지어는 진료 자체가 중단되는 불상사도 종종 발생한다.

물론 궁극적으로 조현병 치료 자체에 대한 오해가 해소되기를 바라지만, 아직 우리 사회에서 조현병, 나아가 정신건강의학과 진료 전체에 대한 일정 수준의 편견은 어쩔 수 없는 현실이다. 단지 우울증 치료를 위해 병원에 간 아이가 느닷없이 조현병 치료에도 쓰는 약을 받아 오는 것이 보호자로서는 불안할 수도 있다.

＊

　보호자의 불안이 무조건 나쁜 것은 아니다. 불안 자체는 좋은 것도 나쁜 것도 아니며, 의심과 검토는 다가올 위기를 예측하고 대비하거나 현재의 문제를 수정하게 하는 고유한 순기능이 있다. 걱정을 기반으로 아이의 치료에 대한 많은 자료를 찾아볼 수도 있고, 주치의에게 문의할 수도 있으며, 환자 본인과 효능이나 부작용에 대해 충분히 이야기하고 소통할 수도 있다. 이런 경우에는 오히려 불안이 그동안 미처 헤아리지 못했던 환자의 힘든 마음을 보호자와 더욱 깊게 나눌 수 있는 계기가 된다.

　그러나 종종 환자는 많은 효과를 보고 만족하는데도 '보호자의 불안으로 인해' 약을 불신하거나 치료를 중단시키는 경우를 본다. 보호자는 아마 여기저기서 들은 이야기에 휩쓸렸을 텐데, 인터넷에 조금만 검색해봐도, 언뜻 그럴듯해 보이나 실은 근거 없이 지엽적인 경험과 불안에 바탕을 둔 정보 글, 경험담이 넘쳐난다. '정신과 문제는 다 의지의 문제일 뿐이다, 마음만 잘 먹으면 해결된다'라든지 '정신과 약은 한 번 먹으면 평생 끊을 수 없다' '정신과 약 먹으면 부작용이 심하고 치매가 생긴다' 같은 오해다.

글을 쓰고 있는 오늘도 경과가 많이 호전된 한 환자가 '내가 볼 때는 괜찮아 보이는데 왜 계속 약을 먹느냐' '약보다 강연을 듣거나 책을 읽는 것이 더 좋다는 유튜브를 보았다' 식의 이야기를 반복하는 부모로 인한 스트레스를 호소하고 갔다. 이러한 장면을 보며 되새기는 삶의 원리가 있다. 문제는 불안 그 자체가 아니라, 그 두려움을 피해야만 한다는 본능에 '압도되어버리는' 현상이라는 것.

인터넷에서 어머니의 뺨을 때린 딸의 글을 읽은 적이 있다. 무슨 패륜이냐 할 수도 있지만, 사연이 있었다. 그의 어머니는 딸의 사춘기 이후로 쭉 과도한 통금을 강요하고 교제하는 남성이 있으면 찾아가 만남을 중단하도록 종용하는 등 강박적으로 이성 교제를 금지해왔다. 그러다 딸의 나이가 서른에 가까워지자 이제 결혼은 언제 할 것이냐 물었다는 것이다. 댓글 역시 잘했다고는 할 수 없으나 너무 이해된다는 반응이었다.

그와 어머니의 관계는 어머니의 불안이 지배했다. 딸의 이성관계 그리고 혼기에 대한 불안 이외에 딸이 누구를 어떤 마음으로 만나는지, 어떤 사랑을 가꾸어가고 싶은지에 대한 이해는 전혀 존재하지 않았다.

이러한 예는 자식의 앞날이 걱정된 나머지 아이가 지쳐

쓰러지려 해도 열 군데씩 학원을 보내고 과외를 시키는 부모, 시험에 낙방해 좌절하는 것이 두려워 아예 공부를 시작하지 못하는 수험생, 충분히 괜찮은 삶을 살아가고 있음에도 끊임없이 타인과 자신을 비교하며 재산의 부족함에 대한 자괴나 미래에 대한 불안에 시달리는 직장인에게서도 찾아볼 수 있다.

불안이 선을 넘어 삶 전체를 잠식하고 압도해버리는 예들이다. 가족이 잘못될까 봐, 인생에 위기가 닥칠까 봐 미리 염려하고 대비하려는 의도가 잘못되었을 리는 없다. 중요한 것은 그 불안이 '실제로' 나와 나의 미래를 위한 원동력이 되고 있는지, 반대로 다른 무엇보다도 '불안을 없애는 것'만이 중요해져 나의 오늘과 내일을 옥죄는 족쇄로 작용하는지다.

*

불안이 어떻게 쓰이고 있는지를 점검해볼 수 있는 관점이 있다. 지금 여기에서 당신이 행하는 일, 오늘 보내는 일상이 '이렇게 하지 않으면 불안해서'라는 이유에 어울리는지, 혹은 '이렇게 살아가는 것이 내가 원하는 하루에 알맞아서'라는 이유에 어울리는지를 살피는 것이다.

만약 전자라면 불안은 우리를 끊임없이 압박해 충분히 시도해볼 수 있는 일도 못 하게 하거나, 필요 이상으로 무리하며 기력이 소진되게 할 것이다. 반대로 후자라면 불안은 내가 시도하고자 하는 일을 신중히 검토하고 이를 위해 좀 더 노력하게 하는 원동력이 될 것이다. 중요한 것은 가슴을 죄어오는 불편한 '느낌 자체'가 아니라, 그것으로부터 이어지는 삶의 방향, 실제로 발생하는 '행동'이다.

당신은 오늘 어떤 불안을 느끼는가? 그러나 의식적이고 인위적으로라도 그 불안이 독재하도록 두지 말자. 오만하고 제멋대로인 불안이라는 현상이 단지 당신의 삶을 점검하고 독려하는 도구가 될 수 있도록 스스로를 다독여보자.

원하는 대로 이루어질 수 없는 삶을 사는 우리에게 불안으로 인한 불편감은 피할 수 없는 세금과도 같다. 이왕 지불해야 할 세금이라면 당신의 삶을 위한 환급이 이루어지면 좋겠다. 완벽하게 통제하거나 제거할 수 없는 불안이라면, 밉고 싫지만 삶을 나아지게 하는 도구, 쓴소리로 활용하는 것이다. 그리하여 당신의 하루가 오직 불안을 보상하기 위한 도피행동이 아닌, 진정으로 당신이 원하는 것들을 추구하는 행동으로 채워지기를 기원한다.

감정을 이해하는 것 vs.
감정이 시키는 대로 하는 것

얼마 전 '왕의 DNA, 극우형 뇌 아이' 상담이 한참 인터넷을 달구었다. 교사에 대한 일부 학부모의 지나친 갑질이 문제가 되는 요즘, 한 학부모가 아이 담임 교사에게 보낸 서신을 통해 세상에 알려진 이슈다.

요컨대 ADHD(주의력결핍 과잉행동장애Attention Deficit/ Hyperactivity Disorder)로 진단받는 아이 중 상당수가 극우형 뇌 성향(좌뇌, 우뇌의 역할이 명확하게 구별되어 있다는 관념은 이미 사장된 지 오래인 난센스다. 물론 뇌의 기능은 국소적으로 세분화되어 있기도 하지만, 사소한 생각과 행동을 할 때도 뇌는 전 부위가 조화롭게 작용한다.)을 보이는 이른바 왕의 DNA를 타고났다는 주장이었다. 그에 따라 양육법으로 좌뇌를 활성화해 균형을 맞추기 위해 아이가 좋아하는 단 음식, 밀가루 음식을 마음껏 먹고 게임을 실컷 즐기게 하며, 가족과 교사 등 주변인이 아이의 감성을 해치지 않도록 아이가 원하는 것을 열심히 들어주어야 한다는 내용인데, 터무니없다.

ADHD 환아는 주의력 편차가 심해서 충동적으로 직관적인 쾌락에만 이끌릴 소지가 있다. 그런 상황에서 아이의 마음이 이끌리는 대로 등교는 등한시하고 게임과 말초적인 자극을 주는 음식을 즐기게 허용하는가 하면, 심지어 동생을 그 아이의 비위를 맞추기 위한 시녀로 만드는 상담을 진행했다는 내용을 기사로 접하며 무지에 참담함을 금할 수 없었다. 이러한 시도는 그에 희생된 어린 동생뿐만 아니라 당사자인 상담 대상 아동 자체에 대한 학대이기도 하다.

해당 주장의 근원지인 사이트에는 상담 결과 아이가 등교를 거부하고, 욕구가 좌절될 시 폭력적인 모습을 보이며, 게임에만 몰두해 고민이라는 부모의 후기도 있었다. 그 아이는 너무도 민감하고도 중요한 시기에 사회성, 그리고 즉각적인 욕구와 충동을 조율하는 능력을 습득할 기회를 박탈당했다. 그 결과로 부담과 기회가 공존하는 학교와 사회로 나아가지 못한 채 안식과 충동적인 쾌락만이 존재하는 집에서 게임에만 몰두하게 된 것은 어찌 보면 당연한 수순이다. 아이를 위하고 걱정하는 마음으로 글을 올렸을 부모의 심정이 가련할 뿐이다.

그런 몰이해가, 스스로의 감정을 돌아보는 방식에 대한 세간의 흔한 '오해'와 유사하다는 생각이 들었다. 그 오해란 바로 '스스로의 마음을 알아주고 이해해주는 것'과 '최대한 자연스러운 마음 그대로 살아가는 것'을 혼동하는 데서 생긴다.

✳

우리는 늘 자연스러움에 집착한다. "공부를 하려고 하는데 할 마음이 잘 들지 않아요" "나가고 싶은 마음이 안 생겨서 약속을 취소하고 집에만 있게 돼요" 같은 흔한 말에 그 집착이 숨어 있다. 이러한 관념 아래에는 '원하는 것을 행하려면 그러한 것에 어울리는 마음이 선행해야 한다, 그리고 그 마음에 따라 자연스럽게 행하는 것이 좋은 것이다'라는 전제가 있다. 우리는 무엇인가를 행하는 과정에서 수반되는 감정과 느낌이 늘 그 원하는 방향과 일치하기를 바라며, 그렇지 않은 것을 문제로 생각한다.

그러나 '감정을 이해하고 위로하는 것'과 '감정이 시키는 대로만 하는 것'은 다르다. 면담하면서 중요한 화두 중 하나가 '알면서도 안 돼요'다. 자녀에게 충동적으로 큰소리를 내는 것이 악영향을 줄 수 있음을 모르는 사람은 없다. 관계에서 문제 되는 말과 행동은 그것이 문제임을 알지 못해서라기보다는, 지나고 나면 후회할 줄 알면서도 '이 말만은 꼭 해야 할 것 같아서'라는 느낌에 이끌려 '저질러지는' 경우가 대부분이다. 대화가 통하지 않는 배우자나 말을 듣지 않는 자녀를 마주할 때 드는 감정을 따르자면 격한 분노를 표출하거나 상처입히는 말을 하는 것이 자연스럽게 여겨질지 모른다. 그러나 자연스럽다고 하여 그 말과 행동이 내가 원하는 방향, 원하는 결과로 이끌어주지는 않는다.

늘 자연스럽게 편안한 감정 상태를 유지하고, 원하는 것과 마음 상태가 자연스레 일치하기를 바라는 관점에는 두 가지 문제가 있다. 하나는 그렇게 과거로부터 형성된 마음이 '지금 여기'의 현실과 맥락에는 맞지 않는 경우가 너무도 흔하다는 것, 또 하나는 마음이 삶에 명령을 내리는 방식을 지나치게 단순하게 여긴다는 것이다.

감정과 정서는 인생을 통틀어 쌓아온 빅데이터의 산물이다. 따돌림으로 심한 고통을 겪은 아이가 또 다른 대인관계의 고통을 염려하며 타인을 회피하려 하는 것은 너무도 이해할 만하고 당연하다. 그러나 그러한 두려움이 당연한 것과, '그 감정대로 인생을 결정하는 것'은 다른 문제다. 홀로 살아갈 수 없는 삶을 살아가는 우리에게 홀로 살아가기를 강요하는 감정이 인생에 대한 깊은 통찰을 반영하고 있다고 보기는 힘들다. 비록 그런 감정 자체를 비난할 수는 없지만 말이다.

우리의 마음은 좋은 것은 가까이하고 불편한 것은 피하라는 원칙에 의존한다. 때로는 어린아이처럼 장난감을 갖고 싶어 하고 숙제는 하지 않으려고 하는 정도의 통찰만으로 이 복잡한 세상을 살아가게 한다. '그때 사람들에게 받은 상처가 크지? 최대한 대인관계는 피하는 게 좋아.' '공부나 일 같은 힘들고 재미없는 것 말고 유튜브도 좋고 마약도 좋으니 지금 즐거운 것만 하도록 해.' 그렇게만 살아갈 수 있는 것이 인생일까. 그러한 인위적인 괜찮음을 추구하는 과정이 행복일까.

한동안 '힐링'을 주제로 한 책들이 유행했다. 맹목적으로 달려가는 삶에 쉼표를 찍자는 접근이 나쁠 것은 없으나, 그 메시지가 조금 얕다는 생각을 했다. 우리의 삶은 분명, 마냥 괜찮지는 않기 때문이다. 나의 이전 책들도 그런 흐름 속에서 천편일률적인 듣기 좋은 이야기, '마음이 좋아지는 방법을 소개하는 글'로 받아들여지곤 했다. 글솜씨를 탓해야겠으나 나는 그러한 몰이해가 속상하고 또 불쾌했다.

그 불쾌함의 이유는, 나는 오히려 삶이란 인위적인 괜찮음의 연속일 수 없다는 한계를 이야기하고 싶었기 때문이다.

수험생이 시험을 두려워하는 이유는 그만큼 그 시험이 삶에 중요하기 때문이다. 반대로 중요하지 않은 시험이라면 두려울 이유가 없다. 그런데 '두려움이라는 정서' 자체는 회피에 연결되어 있다. 감정은 이를 위협으로 인식하기 때문에 피하고 싶어 한다. 그러나 이를 피하는 것은, 이해는 되지만 자신의 삶과 미래를 위한 결정이라 할 수는 없을 것이다. 그렇다면 그 두려움은 부정적인 것일까? 애써 좋은 말로 잘될 것이라 다독이며 무마해야 할 심적인 악일까? 그렇지 않다. 오히려 그가 그의 삶을 진지하게 생각하고 잘 살아가고 있다는 신호이지 않을까? 큰 시험을 앞둔 수험생에게 필요한 것은 당연한 긴장과 두려움을 회피할 방법이 아니라, 긴장과 두려움을 감수하고 스스로가 원하는 삶을 이어갈 수 있는 용기와 힘일지도 모른다.

'마음이 편해야 한다는 생각', '원하는 것을 하려면 그것을 자연스럽게 원하는 마음이 선행되어야 한다는 생각'은 오히려 불편한 마음에서 벗어나려 하는 강박을 부른다. 그렇게 우리는 부담감을 이유로 소중한 친구와의 약속을 취소하거나 충분히 시도해볼 만한 도전을 회피한다. 어떻게 해도 괜찮아지지 않는 마음을 어떻게든 편하게 하려 드는 본능은, 결국 우리를 소중한 삶의 순간들에서 물러나게 한다.

*

'스포일드 차일드spoiled child'라는 용어가 있다. 직역하면 '망쳐진 아이', 즉 응석받이나 버릇없는 아이를 뜻한다. 떼를 쓸 때마다 다 받아주고, 해달라는 대로 해주고, 규율이나 틀 없이 무절제하게 양육된 아이를 표현하는 단어다. 아이의 미래가 걱정되긴 해도 그 아이의 마음 자체는 편안하지 않을까 생각할 수 있으나 그렇지 않다. 부모 이외의 세상은 무한한 욕구를 충족시켜주지 않기 때문에, 이러한 아이들은 부모의 품을 떠나 사회생활을 시작할 때 그동안 접해보지 못한 틀과 규범 앞에서 불안해지고 두려워진다. 심지어 그러한 고통의 원인이라며, 무한대의 사랑을 제공해줬던 부모에게 비난의 화살을 날리기도 한다. 그러한 투정을 받아주는 것 역시 부모밖에 없기 때문이다.

원치 않는 방향으로 나를 이끄는 마음, 두려움과 무력함을 유발하는 일이라면 모두 피하려고만 하고 일시적인 즐거움만 추구하려는 마음을 '망쳐진 아이'에 비유할 수 있다. 이 녀석은 쉴 새 없이 부정적인 감정을 내뿜으며 왜 나의 삶이 잘못될 수밖에 없는지를 반복하여 설파한다. '저 사람도 나를 싫어할 수 있으니 피해야 해.' '그 일도 예전 그 일처럼 무의

미하거나 실패할 테니까 시도해서는 안 돼.'

　진심으로 마음을 이해하고 위로한다는 것은 그러한 이야기를 곧이곧대로 듣고 그대로만 행하는 것이 아니다. 오히려 그럼에도 내가 정말로 원하는 것을 잊지 않는 것이 마음을 위하는 일이다. 과거의 아픔이 현재에서 재경험되고 재생산되지 않도록, '자연스러운 마음의 이면을 깊이 살펴' 진심으로 원하는 것을 잊지 않고 추구하는 것, 그것이야말로 어느 무엇보다 따뜻한 위로이다.

　대개 우리는 행복하기를, 또 사랑하며 살기를 원한다. 그러나 삶은 종종 그러한 자연스러운 바람을 무참히 꺾기도 한다. 분명 우리는 상처입을 수 있고, 실패할 수 있고, 배신당할 수 있고, 버림받을 수 있다. 비록 그렇더라도, 그러한 과거의 경험이 강렬한 아픔이 되어 지금의 당신을 압도해오더라도, 당신이 원하는 당신의 모습, 당신이 살아가고 싶은 삶의 방향을 잊지 않기를 바란다. 밀려오는 무력함과 불안, 당신의 삶의 아픔 전부를 고스란히 담고 있는 그 느낌이 당신이 원하는 방향과 다르다고 해서 애써 무마하거나 억지로 '좋은' 방향으로 돌리려 하지 않기를 권한다. 대신 다독이듯 따스하게 이야기해주면 좋겠다. 나의 감정인 너, 네가 그렇게 이야기하는 이유를 나는 너무도 잘 알고 있다고, 너무도 그럴 만하다고. 그리고 제안하면 좋겠다. 그래도 우리는 진정으로 원하는 쪽으로 나아가자고. 우리의 아픔이 더욱 심해지고 일상을 더욱 옥죄는 길 대신 우리가 바라는 삶, 가장 사소하지만 용기가 필요한 일상으로 나아가보자고. 우리가 정말로 원했던, 불편하지만 따뜻하고 행복한 그 길을 기꺼이 가보자고 손을 내미는 것이다.

매번 장난감을 사달라는 아이를 사랑하는 방법은 그 요구를 모두 들어주는 것이 아니라, 그 당연한 마음을 이해해주면서도 매번 그럴 수는 없는 것이 삶임을 알려주는 것, 그 좌절을 다독여주는 것이다. 그렇게 두려움을 두려워하지 않는 당신을 기다려본다. 불편하고 두려워하는 마음에게, 나는 너를 사랑하기에 오늘도 그 불편함을 딛고 우리를 위한 하루를 보낼 것이라고 용기 내어 이야기하기를 기대한다.

정신과 의사가
화를 내는 방법

"선생님 화가 나면 어떻게 해야 할까요? 참을 수도 없고, 그
렇다고 화를 내면 싸움만 나 어떻게 해야 할지 도저히 모르겠
어요. 그러고 보면 선생님도 화가 날 때가 있으세요? 어떻게
하세요?"

"그럼요. 저도 화를 엄청 내죠. 단지 화를 내는 기준이나
방법은 조금 달리해요."

격정적으로 끓어오르는 분노의 감정을 밖으로 표출하는
과정을 우리는 '화를 낸다'고 표현한다. 그 과정에서 화는 이
성적이고 섬세하게 표현되기보다는 원시적이고 본능적으로
분출된다. 예컨대 표정이 일그러지거나 언성이 높아지기도

하고, 평소라면 사용하지 않을 험한 단어를 내뱉거나 폭력을 행사할 것처럼 위협적인 신체 동작을 취하기도 한다.

이러한 방식은 '외부에서 위해가 가해질 때, 생명의 위협에서 벗어나려 할 때' 유용한 대응이다. 위기상황에서 이성적인 판단과 사고를 거쳐 행동하는 것은 '느려서' 위험하다. 사자가 나를 잡아먹으려 입을 벌리고 달려드는데 '저놈이 시속 몇 킬로미터로 어떤 방향에서 달려오니 어떤 각도로 피하면 살아남을 수…' 따위를 생각하다가는 대번에 잡아먹힐 것이다. 생각할 틈이 없다. 반사적으로 도망치거나 맞서 싸워야 한다.

화를 표출할 때와 위기에 대응할 때의 반응이 비슷한 이유는 같은 신경과 호르몬 반응을 공유하기 때문이다. 화가 나는 상황은 심리적으로는 대응해야 할 위기로 인식되어 종종 불안과 두려움의 홍수를 동반한다. 참을 수가 없어서, 관계 악화를 감수하고서라도 이 말은 반드시 해야만 할 것 같아서, 혹은 그러한 의식적인 과정이 끼어들 틈조차 없이 격렬하게 '심리적 위협에 대응하는' 양상이 화를 내는 행동이다.

화를 내서 눈앞의 상대를 제압하거나 서둘러 위기상황에서 벗어나야만 할 것 같은 강박, 두려움이 그 아래에 내재되어 있다. 그 찰나를 살펴보면, 지나고 나면 후회될 감정이나 발언, 행동을 '무언가에 홀린 듯이' 뱉어내는 우리의 모습을 볼 수 있다. 자동적이고 비이성적이며 맹목적이다.

＊

실제로 누군가가 나의 존엄을 침해하거나 신체적인 위협을 가할 때처럼 몇몇 상황에서는 이러한 대응이 효과를 내기도 한다. 끓어오르는 대로 지르고 나면, 해야만 하는 말을 했다, 참지 않고 감정을 전달했다는 일시적인 후련함이 주어지기도 한다.

그러나 만약 술자리에서 시비가 붙을 때나 친구와 엉킨 오해를 풀어갈 때, 배우자와 가치관 차이를 경험할 때나 예민하고 불합리한 고객 혹은 상사를 대할 때 같은 일상적으로 화가 치미는 순간들마다, 본능이 이끄는 대로 육체적이고 격정적인 대응을 한다면 어떤 결과로 이어질까.

사소한 시비로 분을 참지 못해 폭력을 휘둘러 법적인 문제에 휘말리거나, 오해를 풀지 못한 채 친구를 영영 잃게 될지도 모른다. 오해로 시작된 말싸움이 폭언으로 번지며 부부간 갈등이 돌이킬 수 없이 격화되기도 하고, 손님의 비난에 충동적으로 달았던 답글로 인해 생업과 생계를 위협받을 수도 있다. 경솔한 언행으로 평판이 나빠지는 것은 물론이다.

화를 느끼는 상황에서 직관적인 반응은 이득보다 손해가 될 때가 더 많다. 게다가 이러한 본능과 현실의 괴리로 인해 화를 내는 행위는 종종 오히려 역효과, '화가 풀리지 않고 더 쌓이는 결과'로 이어진다. 그래서 화가 날 때는 격렬한 육체적·감정적 반응보다는 침착하고 이성적이며 합리적인 대응이 요구된다.

"화를 내고 싶어서 내는 사람이 어디에 있습니까?"

충동 조율이 어려워 내원한 이들로부터 종종 듣는 말이다. 순간적으로 화가 난다고 충동적인 대응을 하는 것이 그리 도움이 되지 않는다는 걸 모르는 사람은 없다. 단지 밀려오는 감정의 파도를 어찌할 수 없다는 무력감과 자조가 클 뿐이다.

그 악영향을 아는 만큼, 차선책으로 사람들은 화를 무작정 참기도 한다. 끓어오르는 감정과 생각이 용인되지 않고 부적절한 것을 모르진 않기에 참고 삭이며 상황이 지나가길 기다린다.

그렇게 억누른 화가, 시간이 지나면 저절로 사라진다면 얼마나 좋을까. 그러나 안타깝게도 우리의 마음에는 보이지 않는 공간이 너무도 많다. 충분히 해소되거나 다루어지지 않은 마음은 깊숙이에 고스란히 남아 감정의 응어리로 쌓이고 고인다. 이로 인해 이유 없이 가슴이 두근거리게 되거나, 긴

장과 예민함, 불안이 과도해지거나, 사소한 계기로도 화산이
터지듯 분노가 분출하기도 한다.

✳

이렇듯 터트릴 수도 없고, 마냥 참을 수도 없는 화를 도대
체 어떻게 해야 할까.

그 딜레마에 대해 나는 수용전념치료와 맥락행동과학의
근간이 되는 '실효성'이라는 단어에서 나름의 답을 찾았다.
나는 화를 참지 않고 열심히 낸다. 단 내게 '화를 낸다'는 것
은 그 불편함을 표출하는 본능적인 행위를 뜻하지는 않는다.

나는 화를 느낄 땐 차를 몰고 벚꽃이나 은행나무가 터널
을 이룬 드라이브 길을 찾아 나선다. 자정쯤 집을 나서서 일
탈처럼 24시간 국밥집에 들어가 국밥을 한 그릇 비우기도 한
다. 잠든 딸의 손을 잡은 채 가만히 머리를 쓸기도 하고, 밝은
통찰을 얻었던 책을 새삼스레 다시 펼쳐보기도 한다. 무의미
한 생각이 반복된다 여겨질 땐 그냥 자버리기도 하고, 울화가
치밀고 심장이 두근거려 도저히 잠을 이룰 수가 없다면 드러
누워 눈만 감은 채 좋아하는 재즈 한 곡을 무한 반복으로 틀
어두고 듣기도 한다.

혼란스러운 감정과 생각을 이성적으로 정리해 최대한 정

확히 상대방에게 전달하는 것 역시 화를 내는 것에 포함된다. 경제적·사법적·사회적 대응이 반드시 필요한 경우에는 가장 합리적인 대처를 찾기 위해 동료들과 상의하거나, 법조인 지인에게 자문을 구하거나, 변호사를 선임하기도 한다.

종종 명상도 한다. 나의 명상은 거창하지 않다. 진료실, 침실, 공원 벤치, 차 안, 카페 등 어디에서든 그저 생각날 때, 필요할 때마다 가능한 가장 편안한 자세를 취하고 숨이 드나듦을 느낄 뿐이다. 격정적인 감정과 그에 따르는 생각도, 그저 바라보며 충분히 이해될 때까지 기다린다. 그러다 보면 밀려오는 감정과 생각의 소용돌이와는 별개로 그 상황에서 시도할 만한 최선이 떠오르기도 하고, 아니면 화는 오르지만 이에 대해 특별히 내가 할 것이 없음을 깨닫게 되기도 한다.

나의 기준에서 화를 낸다는 것은 순간의 충동을 따르는 것이 아니라 불편한 정서가 '실제로' 내면에서 밖으로 내보내지는 것을 의미한다. 이를 통해 갈등 해결, 상황 종결, 관계 개선, 마음의 평온같이 원하는 결과가 '실효적'으로 주어질 수 있는 방식, '화를 내보내는' 기능을 훌륭히 수행하는 방식이 내가 화를 내는 방식이다.

극심하게 끓어올라 성질을 부리든 폭력을 쓰든 저질러버려야 할 것만 같은 본능적인 느낌에 비해 이러한 접근은 지극히 인위적이고 부자연스럽게 느껴질 수도 있다. 맞다. 내게는 불편한 상황에서 내가 선택할 반응이 '얼마나 자연스러운지'는 그리 중요하지 않다. 자연스러움이 아니라 '실효성'이 기준이다. 중요한 것은 나의 그 반응이 내게 가져다줄 결과다.

나는 나의 화로부터 나 자신과 사랑하는 사람들을 지키고 싶다. 충동적인 짜증과 예민함으로 우리 아이의 섬세한 마음을 상처입히는 일이 없기를 바라고, 이성적이지 못한 발언으로 소중한 사람들과의 관계가 멀어지지 않기를 바란다. 견디기 힘든 화에 곧잘 휩싸이곤 하는 비루한 나를 위로도 해주고 싶다.

내가 화를 내는 방식은 이러한 나의 바람을 실현해가는 과정이다. 자연스럽지 않아도 좋다. '익숙하지만 나를 다치게 하는 방법' 대신 '익숙하진 않지만 나를 위하는 방법'을 꾸준히 떠올리고 또 행할 뿐이다. 참는 것과는 다르다. 참는다는 것은 어떻게든 상황만 넘길 수 있기를, 혹은 불편한 감정이 사라지기를 바라며 견디는 것이다. 그러나 내가 화를 내는 방식은 불편을 견디는 것이 아니라 나에게 가장 좋은 반응을 적극적으로 선택하는 것이기에, 참고 견딘다는 표현은 적절하지 않다.

화의 터널을 지나서 되돌아보면, 오히려 그때 마음에 떠올랐던 말을 내뱉거나 행동을 저질렀다면 얼마나 치명적인 상황이 이어졌을지를 생각하며 섬뜩할 때가 자주 있다. 그때 그 말을 했다면 정말 큰일 났겠다, 그러한 행동을 실행했다면 돌이킬 수 없을 뻔했다… 하나하나가 소중한 사람들과의 관계를 망가뜨리거나, 나와 가족의 삶의 토대를 위협할 만한 아찔한 상황이었다.

순간 떠오르는 감정과 발언에 주의를 기울이며, 그보다 오해나 무리 없이 내 생각을 전달하거나 상황을 풀어가기에 더 좋은 방법을 택하는 일을 참는 것이라고 표현할 수는 없다. 단지 상황과 가치관에 따라 합리적으로 내게 가장 좋은 선택지를 고르는 과정이므로, 터져 나오는 격한 반응을 '억지로 누르는 고통'은 그리 심하지 않다. 내게는 일시적인 후련함보다 소중한 것이 너무도 많기 때문이다.

그리고 아무리 급박하고 불쾌한 상황과 그로 인한 감정이 나를 홍수처럼 덮쳐오더라도 그에 대한 반응을 '선택할 자유'가 내게 있다는 것 역시 잊지 않으려 한다. 물론 화가 나서 폭언이나 욕설을 한다는 선택지도 내게 있다. 그러나 그런 방법을 택한다면 그로 인한 원치 않는 결과를 수습해야 한다는 책임도 따른다. 나의 기준으로는 그보다 더 좋은 화를 내는 방법이 얼마든지 있다. 억지로 참고 견디는 것이 아니라, 주어진 상황에서 최선인 나의 모습을 택하는 것이다.

화가 났을 때 당신이 말과 행동을 선택한 기준은 무엇이었는가. 순간적인 감정에 얼마나 어울리는지보다는 스스로를 소중히 할 수 있는 방향인지를 기준으로 삼기 바란다. 당신이 원치 않는 결과를 가져다줄 자동적이고 충동적인 반응 말고도, 익숙하지 않고 불편하지만 당신을 지켜줄 방법이 많다. 이를 통해 화가 나는 순간에도, 당신이 당신의 최선인 모습으로 있을 수 있기를 바란다.

감성이야말로
먹고사는 현실이다

**바쁜 일상에 지쳐버린
당신에게**

어느 날인가부터 커피값이 참 비싸게 느껴졌다. 근처 카페의 스페셜티 원두를 자랑하는 커피는 향은 훌륭하지만 한 잔에 5,000원이 넘는다. 이런 귀한 커피는 가끔 마셔야 귀한 줄 안다. 일할 때 곁들이는 커피로는 저가 브랜드의 얼음 가득한 투샷 아메리카노를 아깝다는 느낌 없이 쭉 들이켜는 것이 제격이다.

안타깝게도 병원에서 커피를 주문하면 배달료가 추가되어 일반 커피 가격을 웃돈다. 그래서 집에 캡슐커피 기기를 장만해 아침마다 커피를 내린다. 손으로 직접 내리는 드립 커피의 운치를 즐길 여유가 없는 요즘 참 요긴한 기계다. 물론 기계값이 만만치 않지만, 230밀리리터 용량의 커피 캡슐을 하나 소모해도 1,000원이 되지 않으니 장기적으론 꽤 이득이다.

냉장고에 붙어 있는 작은 큐브형 얼음틀에 얼린 얼음은 출근길에 금세 녹아버리기 일쑤다. 그래서 저렴하게(가격이 1,500원이었다) 구입한 위스키용 구형 얼음 만드는 틀을 애용한다. 둥글고 커다란 얼음을 보냉 텀블러에 넣으면 진료 시간 내내 청량함이 넉넉히 유지된다. 기계적으로 "아이스 아메리카노 하나요"라고 주문하고 폰을 뒤적이다 받아 들던 늘 같은 커피에 비하면, 운치도 있고 다양한 맛 중에서 하나를 고르는 재미도 쏠쏠하다.

표면에 가득한 크레마 사이로 완벽한 구 모양 얼음이 빼꼼히 떠 있는 모습을 보노라면 왠지 흐뭇하다. 적은 돈과 사소한 정성이 상상치 못했던 효용을 만들어내 즐거움을 준다. 내게 감성이란 그 흐뭇함을 의미한다.

*

그러나 감성이 직접적으로 밥과 돈을 주는 것은 아니기에 종종 힐난을 받는다. 이러한 느낌을 중시하는 이를 '감성충'이라며 벌레로 비하하는 말이 유행했을 정도다. 아마도 먹고

살기가 만만치 않고 점점 더 각박해지는 현실에서 유유자적 소소한 기쁨을 찾는 일 따위는 배부른 소리로 느껴지기 때문이 아닐까 싶다.

그러나 내게 감성은 사치재가 아니다. 오히려 내게는 감성을 느끼는 순간들이 삶의 본질에 가깝고, 더 큰 본질들을 이어갈 힘을 주는 필수재로 느껴진다.

글을 쓰는 지금 시간은 새벽 네시 반이다. 아직은 밤낮 구분 없이 세 시간마다 먹어야 사는 딸의 수유를 마치고 트림까지 완료시킨 시간이다. 매일 반복되는 오버타임 진료를 마치고 집에 돌아오면 여덟시, 야간 진료를 하는 날이면 아홉시에야 귀가하는 일상에서 새벽에 아이를 돌보는 미션이 추가되었다.

심한 날은 세 시간도 채 제대로 못 잘 정도로 잠을 줄였는데, 그 와중에도 진료를 위한 최신 지견을 습득하려 연구회 활동을 병행하려면 일주일에 이틀은 아침잠을 한 시간 더 줄여야 한다. 버겁지 않다면 거짓말이다. 레지던트 때만 해도 "정신과가 뭐가 힘들다고 앓는 소리냐"며 핀잔을 줬던 동기들이 어느새 교수며 봉직 의사가 되어서는 "요즘은 동기 중에서 네가 제일 바쁜 것 같다"고 인정해준다.

이러한 시간을 무작정 견딘다고 느낀다면 언젠가는 쓰러

질 것 같다. 그래서 나는 아이를 재운 지금, 어차피 바로 잠들 수 없는 이 새벽 동안 오히려 힘을 얻을 무언가를 한다. 예컨 대 단 10분이라도 기분 좋아지는 유튜버의 수산물 손질 영상 을 보거나, 지금처럼 이 순간의 기억을 글로 조각하는 것이 다. 이런 순간들이 매일을 살아갈 힘을 준다.

하루가 지치고 피곤하다는 것은, 달리 말하면 그 하루 속 에 지키고 싶은 것들이 가득하다는 의미도 된다. 우리가 버거 움을 감수하는 이유는 그 버거움을 넘어서는 의미를 추구하 고 싶기 때문이다. 가족을 위해 그리고 스스로가 그리는 미래 를 위해 이 고됨을 나는 기꺼이 감내하고 싶다. 이 고됨을 감 내할 힘을 주는 것이 분위기에 어울리는 손열음의 음악을 들 으며 글을 쓰는 이런 순간이다. 좋아하는 멜로디와 닮은 글을 남기는 과정이 나를 살게 한다. 세 시간 쪽잠을 자는 일상에 서도 동그란 얼음이 떠다니는 모닝 커피 한잔은 여전히 또 충 분히 달갑다. 이러한 느낌과 그로부터 전해지는 힘이 감성충 이라는 힐난을 반갑게 감수하고 싶은 이유다. 감성의 추구란 참 수지맞는 장사다.

＊

인간은 먹고사는 것만으로는 잘 산다고 느끼지 않는다.

삶을 삶답게 만들어주는 것은 먹고사는 것 이상의 의미들이다. 소소한 소중함을 자각하는 순간들이 그런 의미와 힘이 되어준다. 이는 배부른 이들에게만 허락된 여유가 아니다. 오히려 그 의미들이 생업을 이어가는 힘이 되며, 삶의 본질 그 자체이기도 하다. 그것이 지금까지 내가 삶에서 이뤄온 모든 것의 원동력이었다. 그래서 내게 감성은 사치나 여흥이 아니라 먹고사는 문제다. 현실과 동떨어진 유희가 아니라 늘 지극히 현실이다.

여름이 지나간다. 반소매 셔츠가 애매해지는 시원하고 산뜻한 바람이 불어온다. 한 해 중 가장 짧은, 내가 좋아하는 계절이다. 소중함을 자각한다는 것은, 바람의 습기와 온도가 달라짐을 느끼는 일이다. 충분히 열심히 살아가고 있는 당신은 그 사소한 감성을 누릴 자격이 있다. 일상 곳곳에 자리 잡은 그 힘이 당신에게도 전해지길 바란다.

불편한 느낌 속
고단한 나의 행복

_____ 출근하기 싫어 불행하다고
느끼는 당신에게

주 6일제 진료를 지속하는 것은 고되다. 토요일이 아니면 진료가 어려운 분들이 많아 주말에는 통상 병원이 평소보다 더 붐빈다. 오전 진료라고 해도 오후 두시까지, 오버타임에 마감 작업을 마치고 집에 와서 식사를 하고 나면 이미 한밤이다. 주 5일제가 당연해진 것도 모자라 주 4일제를 논의하는 사회에서 토요일에 출근을 해야 한다는 것 자체도 서글프다.

그러는 틈틈이 글을 쓰고 강연을 하거나 연구회 활동을 이어가는 것도 만만치 않다. 거기에 두 아이 육아가 추가된다면… 그래서 요즘 곧잘 듣는 말이 "그걸 어떻게 다 해?"이다. 특히 유유자적 한량을 지향하던 20대의 내 모습을 기억하는 친구나 은사님들은 더욱 그렇게 물어온다. 좋은 의미든 나쁜 의미든 같은 반응이다. "네가 그렇게 산다고?"

아마 10여 년 전의 내가 지금 같은 일상을 보낸다면, 삶이 왜 이렇게까지 힘들어야 하는지에 대해 끝없이 고찰과 자조를 반복하며 불편한 느낌에 젖어 지낼지도 모른다. 그러나 지금의 내가 고된 하루를 이어가면서 불행하다고 느끼느냐 하면, 그렇지는 않다. 더없이 피곤한데도 활력이 있고, 졸린 가운데 기쁨이 있다. 익숙하지 않은 기쁨과 활력으로 미루어, 행복에 대한 관점이 조금 달라진 것을 느낀다.

＊

과거의 경험을 돌아보면 나는 행복을 '기쁜 느낌'이 드는 순간이 많은 것으로 정의했었다. 여가시간이 최대한 많은 것, 공부든 일이든 하기 싫은 일은 최소로 하는 것, 불편한 사람을 만나지 않고 편안한 사람을 만날 수 있는 것을 추구했다. 퇴근하기 위해 출근했고, 주말에 놀기 위해 주중을 버텼다. 휴가를 가기 위해 업무를 버텼고, 노후 준비를 하기 위해 젊은 시절을 투자한다고 생각했다. 싫은 것을 최소화하고 좋은 것을 최대로 늘리는 것, 당연하다면 당연한 그 원칙을 따라 나름대로 열심히 사는데 왠지 모를 공허함이 밀려왔다.

멋진 여행지 사진들을 뒤져봐도 왠지 그저 그랬다. 유럽은 성당, 북미는 미술관, 한국은 산과 바다 그리고 펜션… 10분쯤 다른 사람들이 멋지게 찍어놓은 블로그 사진을 보고 있노라면 사진으로 봐도 충분하다는 허무함마저 밀려왔다. 답답할 때면 구인 구직 사이트에서 지금 이대로 전공의 생활을 그만두고 뛰쳐나가면 얼마를 받을 수 있는지, 전문의가 되면 급여가 얼마나 유리한지를 계산하기도 했다. 그 정보를 기반으로 은퇴까지의 자금 계획을 세우다 보면, 미래에 대한 안도감보다는, 인생은 늙어서 서럽지 않기 위해 젊은 날은 참고 견디는 것이 전부일까 하는 과한 비관이 찾아왔다.

그때의 내게 결여된 것은 의미였다. 견뎌서 먹고산다, 멋진 곳으로 여행을 떠난다, 혹은 월급을 쌓거나 재테크를 해서 돈을 번다, 같은 식상하고 표면적인 명제들 외에 삶을 지탱하는 것이 없었다. 결여된 의미는 일시적인 쾌락을 추구하고 고통은 피하자는 원칙으로 이어졌으나, 영원한 즐거움은 존재하지 않았고 고됨을 완전히 없애는 것도 불가능했다. 조금 덜 힘들거나 많이 힘들거나, 그 굴레의 반복이 허무했다.

아침에 눈을 뜨면 출근하고 싶다, 공부하고 싶다, 열심히 하고 싶다는 생각이 자연스럽게 드는 사람이 얼마나 될까. 아무리 하고 싶었던 일 또는 중요한 일이라도, 자연스럽게 마음이 끌리기로는 푹신한 쿠션과 베개에 기대어 하염없이 유튜브와 넷플릭스를 넘기는 것만 할까. 그렇다면 나는 하기 싫은 출근을 해야 하는 사람이니 불행한 걸까. 그런데 전혀 그렇지 않다.

진료실을 지키는 것은 내게 많은 의미를 준다. 물론 우리 가족이 먹고살 기반이라는 의미가 가장 크겠으나, 여느 일이 그러하듯 나의 업에도 이 업만의 소소한 보람이 있다. 단순히 우울증 환자에게 우울증 약을, 불면증 환자에게 수면제를 처방하는 것이 정신과 의사로 살아가며 하는 일의 전부는 아니다. 마음을 치유한다는 것은 칠십 평생 이렇게 맘 편히 지낸 적은 없다며 우시는 어머님의 이야기를 듣고, 사람을 만나는 게 무서워 집에서만 지내던 청년이 정장을 입고 면접을 다녀왔다고 자랑하면 축하해주는 일이다. 고단함을 최소로 하고 안락만을 늘리려 하는 가치관으로는 잘 느끼지 못했던, 의미와 가치가 주는 감동이다.

단순히 힘든 것이 많으면 불행하고 편안한 것이 많으면 행복하다고 하기에 인생의 원리는 그렇게 간단하지 않고, 오히려 반대로 작용할 때가 많다. 퇴근의 고됨과 출근의 버거움은 불행하게 살고 있다는 증거가 아니다. 오히려 가족의 생계 유지든 자아실현이든, 그 피로를 무릅쓰고 추구하고 싶은 그 이상의 무언가가 존재한다는 증거다.

피로에 절어버린 날 새벽에 두세 번씩 일어나 둘째를 안고 어르며 재울 때면 '내가 왜 이 고생을 자초했을까'라는 생각이 나도 모르게 절로 든다. 그러다가도 아이의 눈을 바라보고 있자면 힘든 것쯤은 아무래도 좋을 만큼 벅참이 느껴진다. 같은 고됨을 선사하던 첫아이는 어느새 커서 제 두 발로 뛰어다니고 말도 또박또박 할 수 있게 되었다. 새삼 이런 모습을 보는 삶을 살 수 있어서 다행하고 감사하다는 생각이 든다.

＊

우리네 삶에는 쉽고 당연한 쾌락보다는 이런 종류의 기쁨과 감동이 더 많지 않을까. 꼭 당선하고 싶은 공모전에 작품을 출품하려면 긴장과 두려움이 따른다. 모든 사람에게 환영받을 수는 없겠지만, 낯선 자리에서 어색함을 감내할 수 있다면 나를 깊이 알아줄 새로운 사람을 만날 수도 있다. 달콤한 새벽잠을 조금 양보하면 다른 선생님들과 함께 최신 의학적 지식을 공부할 수도 있고, 모처럼 맞는 휴일에 아이와 놀이동산으로 한 시간 일찍 출발할 수도 있다. 두려움과 불편함은 동전의 양면처럼 삶의 소중한 것들과 맞닿아 있다.

해야 할 것이 있고 바라는 것이 있어 고된 행복이다. 삶에서 지향하는 것, 바라는 것이 하나도 없다면 그렇게 힘들지 않을지도 모른다. 그러나 우리는 부처가 아닌 한낱 인간이라서 늘 나름의 의미를 소망하고 가치를 추구한다. 그 과정에서 우리는 생의 소중함을 차근차근 쌓아주는 피곤하고 두려운 것들을 만난다. 그러므로, 궤변처럼 들릴 수도 있겠지만, 우리의 아픔과 두려움, 긴장과 피로는 늘 우리가 더 나은 삶을 지향하고 또 충실히 살아내고 있다는 증거가 아닐까.

그렇게 당신을 위로하고 싶다. 만약 오늘 불안하고 고단했다면, 그것은 당신이 성실히 또 묵묵히 당신의 삶을 잘 살아내는 중이라는 증거이자, 곧 당신의 삶에서 소중한 것을 길어 올리게 되리라는 단서일 거라고.

충동과 쾌락의
뒷모습 들여다보기

우리의 삶은 매 순간 선택의 연속이다. 어느 학교에 진학할지, 어떤 직업을 구할지, 결혼과 출산을 할지 말지 같은 선택을 의미하는 것만이 아니다. 아침에 일어나서 물 한 잔을 먼저 마실지 세수를 하고 양치를 할지, 출근길에 지하철을 탈지 택시를 탈지, 직장 동료에게 어떤 인사말을 건넬지, 주말에 가족들과 혹은 홀로 어떤 시간을 보낼지… 모든 순간이 선택의 연속이다. '지금 이 순간 어떤 행위를 이어갈지'가 모두 선택이라는 이야기다.

당연히 우리는 유인적인 것 즉 우리를 즐겁고 기쁘게 하는 것들을 추구하고, 혐오적인 것 즉 우리를 괴롭게 하는 싫은 것을 피한다. 문제는 그 직관을 바탕으로 하는 선택이 실제 삶에서 우리가 기대하는 결과를 주지 않거나, 오히려 반대 결과를 제공할 때가 많다는 것이다.

술이나 마약 같은 인위적인 쾌락 물질은 자연계에 흔하지 않다. 고칼로리, 고염분, 고당의 음식도 그러하며, 일회적인 만남이나 임신의 위험이 제거된 성적 자극 등도 마찬가지다. 이는 우리의 뇌 속 보상체계를 교란한다. 실제로는 우리가 원하는 삶으로부터 멀어지게 하고 우리를 불행 혹은 곤란한 상황에 빠뜨리면서도, 단기적으로는 강렬한 쾌락을 제공하는 것이 도처에 있다. '진정으로 행복해지기 힘들게 하는 함정' 이 가득한 삶을 사는 것이 현대인이다.

일시적인 쾌락을 추구한다면 지금 친구들과의 술자리에 참석하는 것도 나쁘지 않겠다. 그러한 이완과 즐거움도 분명 삶과 행복에 중요한 요소다. 그러나 내일 중요한 약속이 있다면, '소중한 사람과의 시간을 소중히 한다'라는 가치에 따라 오늘은 컨디션을 관리하고자 일찍 귀가하여 잠을 청할 수도 있겠다. 그러한 선택에는 밤새 와자지껄 시간을 보내는 즐거움을 포기한다는 아쉬움이 동반된다. 그러나 엄밀히 말해 이는 포기가 아니라, '내가 바라는 가치를 추구하기 위해' 기꺼이 감수하는 것이다.

고작 하루에도 전념할 것은 여기저기 수많은 사람과의 관계와 상황 속에 녹아 있다. 건강하고 활력 있는 하루를 위해 일시적인 식욕이나 안락 대신 영양이 우수한 식사를 택하고 운동을 할 수도 있고, 사랑하는 사람을 기쁘게 한다는 가치를 추구하기 위해 귀찮음을 무릅쓰고 세심히 여행 동선을 점검하거나 기념일에 꽃을 사는 수고를 들일 수도 있겠다.

진정으로 원하는 것을 추구하기 위해 아쉬움, 귀찮음, 불편함을 기꺼이 감수하는 것, 추구하고픈 의미와 가치를 기억하며 이를 위한 행위에 전념하는 것, 그리고 그 과정에서 한 번뿐인 삶을 더없이 의미 있는 하루들로 채우고 있다는 자각에 접촉하며 살아가는 것. 전념은 나의 하루를 당장은 편안하지만 공허하고 두려운 것들 대신, 때로 불편하고 귀찮지만 소중한 것들, 꾸준히 이어갈 만한 가치 있는 것들로 채워준다.

1. 당신이 추구하는 바를 가장 잘게 쪼개어, 제일 눈앞의 것을 시도해보자.

   예) 공부가 목표라면 책상 앞에 앉기, 팔굽혀펴기를 하겠다면 엎드리기를 첫
   목표로 잡는다.

2. 생각으로 시뮬레이션해서 매력적인 답을 찾는 대신, 실제로 시도한 후
   결과에 따라 다음 시도를 보정하는 연습을 해보자.

3. 오늘 내가 수행한 일들의 의미를 최대한 다면적으로 떠올려보자.

   예) 자아실현, 세상에 의미를 더한다는 가치, 가족 생계의 토대 마련, 노후
   준비, 세상에 필요한 역할을 하고 있다는 의미

4. '나는 어떤 사람인가'라는 자신에 대한 관념적 성찰 대신, '나는 어떤
   행동으로 오늘 하루를 구성했는가'라는 행위에 대한 성찰을 이어가보자.

5. 위험과 변화를 회피하려는 본능으로 인해 잘 해내지 못할 이유, 두려움,
   비판적인 인식 등을 떠올리고 전념의 동력을 잃지 않도록 "나는 그것을
   할 거야, 왜냐하면 내가 그렇게 하기로 선택했으니까"라고 말해보자.

———————————————————————————————————————

6장

나답다고 느끼는
마음에 대한 탐구

가치

매 순간 당신이 떠올릴 수 있는, 늘 다가가고 싶은, 그 자체로 가장 소중한 것. 당신에게는 어떤 것이 그러한가. 한 번뿐인 당신의 삶이 어떠한 모습이기를 바라며, 당신이 어떠하기를 원하는가.

살다 보면 오늘이 마지막이라고 해도 괜찮은 순간이 있다. 그러한 느낌은 어떻게 주어지는가. 그 속에 내포된, 당신에게 소중하게 다가오는 의미는 무엇이었는가. 당신의 삶을 당신답게 만들어주는 것, 한 번뿐인 삶이 지금의 삶이라도 아쉽지 않게 해주는 것, 바라는 삶을 위한 방향을 제시해주는 이정표, 그러한 소중함과 의미가 있는 것이 가치다.

1. 당신이 최근 매진하고 있는 것은 너무도 추구하고 싶은 것인지, 그것을
   하지 않았을 때 두렵고 불안한 것인지를 구별해보자.

2. 당신의 삶이 지금 그대로 10년이 지속되었을 때, 그리고 30년이
   지속되었을 때 어떤 형태가 되어 있을지 떠올려보자.

3. 살아오며 어떠한 평가나 판단 없이 직관적으로 기쁨과 활력을 느낀
   순간은 언제였는지, 그 느낌의 원천은 무엇이었는지 되돌아보자.

4. 아픔과 불편함을 감수하고서라도 지켜나가고 또 위하고 싶은 대상이
   누가 있는지 생각해보자.

5. 신경 쓸 것, 해결할 것투성이인 인생에서 바라는 것, 가치, 행복은
   사치스럽고 나와는 어울리지 않는다고 생각하진 않는지 되돌아보자.

삶의 형태보다 중요한 것은
의미의 흐름

짧은 여름휴가를 다녀오느라 대구와 강원도를 왕복하며 왕복 일곱 시간 거리를 운전했다. 집에 돌아와 주섬주섬 겨우 짐을 풀고 아이들을 재우며 깜빡 뻗어버렸다 깬 이른 새벽이다. 얼른 다시 잠을 청해야 여독을 풀고 내일 다시 출근을 하겠으나 극도의 피로로 초저녁에 달게 푹 자버리고 나니 다시 잠들기가 쉽지 않다. 피로감이 상당하고, 오랜만의 출근이 우려되기도 한다.

그러나 불쾌감은 전혀 없다. 첫째 아이를 재우며 이번 휴가 동안 기억나는 장면에 대해 함께 이야기했다. 아들과 처음으로 간 사우나였다. 수증기가 은은한 탕에서 아이가 양팔을 벌리며 흐느적거리기에 뒤에서 지그시 밀어주었다. 아이는 슈웅 소리를 내며 "이건 물비행기야"라고 외쳤다. 목욕 전 수영장에서는 돌쟁이 동생이 물이 찰랑거리는 자쿠지 바닥을 아장아장 기어가는 걸 보고는 "물거북"이라고 했더랬다. 물비행기와 물거북. 달콤한 휴가가 마무리되는 데 대한 아쉬움이 찾아올 새도 없이 잔상처럼 아이의 목소리가 자꾸 귀에 맴돌고, 그 장면들이 눈앞에 아른거린다. 휴가 기간의 운전이란 그런 장면들에 다가가는 과정이어서, 그 과정마저도 휴게소 뻥튀기, 블루투스 마이크로 노래를 부르는 막내딸, 터널을 지날 때마다 바뀌는 풍경들로 채워진다. 지치고 피곤하지만 그다지 고되다고 느껴지진 않는 이유이다.

어떤 차를 타는지, 어디를 향하는지, 얼마나 오랫동안 운전을 하는지 등은 생각보다 여독에 결정적인 요인이 아니다. 노면의 질감이 그대로 느껴지는 승차감에, 머리조차 들기 힘들 정도로 비좁은 경차를 탈지언정, 새로 연애를 시작한 연인과 처음 떠나는 여행길이라면 힘들지 않다. 그 설렘은 서울과 부산을 왕복하는 열 시간이라도 찰나의 꿈처럼 녹여버릴 것이다.

반면 불편한 사람을 '모시는' 길이라면 불과 30분의 이동도 부담스러울 수 있다. 의국 생활을 하며 의국원들이 다들

어려워하는 교수님을 운전해 모시는 노하우를 우스갯소리처럼 이야기할 때가 있었다. 음악은 너무 크지도 작지도 않게, 쟁쟁거려서 거슬릴 정도는 아니지만 대화가 끊어져도 어색하지 않게 하고, 방향제는 무엇을 쓰고, 온도는 어떻게 맞추고… 여정을 떠나기 전부터 이미 지치곤 했다. 지금은 불가능한 옛날이야기겠지만, 심지어 다른 병원 다른 과 모 의국에서는 전공의가 의국에 들어갈 때 한 교수를 모시기 위해 빚을 내 특정 브랜드의 외제 차를 구입하기도 했다고 들었다. 그 교수가 해당 브랜드의 차량만 타길 원하고 국산 차는 거부해서라고 했다. 그런 이들을 모실 때와 사랑하는 이를 태울 때의 느낌이, 같은 운전이라고 해서 같을 리 없다.

승차감, 소요 시간, 도착 예정지 같은 것들이 운전의 형태라면, 함께 타는 사람, 차창 밖으로 보이는 풍경, 이동하는 이유 등은 운전의 의미라 할 수 있다.

이를 삶에 그대로 비유해본다면 어떨까. 삶의 형태가 얼마나 부자인지, 어디에 살고 얼마나 좋은 음식을 먹는지, 얼마나 사회적 지위가 높은지 등에 해당한다면, 삶의 의미는 일상에서 어떤 기쁨과 활력을 느끼는지, 하루를 어떤 시간으로 채우는지, 누구를 사랑하고 그리워하는지, 살아가며 무엇을 추구하는지 등에 해당한다.

인생을 살아가는 의미와 소소한 기쁨이 가득한데 가진 것
이 없음을 비관하며 진료실을 찾는 이는 거의 없다. 그러나
지역 내 최고의 부촌에 거주하고 이름만 대면 부러워할 직종
에 종사하거나 탄탄한 사업체를 운영하면서도, 살아가는 의
미가 없다고 허무해하며 나를 찾는 이들은 매일 있다.

＊

내 삶을 속속들이 아는 친구가 도대체 넌 피곤하지 않냐
고 자주 물어온다. 물론 주 6일을 당연히 진료하고, 두 아이
뒤치다꺼리를 하는 시간을 쪼개 글을 쓰고 강연을 하는 삶이
매우 피곤한 것은 사실이다. 그러나 그 피로는 3박 4일의 여
름휴가 동안 아이들과 기쁜 추억을 쌓느라 얻게 되는 피로와
같은 느낌이다. 나를 의미로 이어주는 지침이기에 기꺼이 감
내하고 싶다. 아니 오히려 그러한 고됨이 존재한다는 것이 잘
살고 있다는 증거가 된다.

이는 죽을 노력으로 시험을 겨우 끝마치고서 그동안 참고
참던 게임을 하느라 밤을 꼬박 새울 때의 피로와 비슷한, 너
무도 즐겁게 감수하고 싶은 고됨이다. 동아리 엠티로 찾은 해
변에서 설렘을 품고 이틀 밤을 지새우며 기타를 치고 노래를
했던 추억은 아직도 종종 마음속에 아른거린다. 그 젊은 날의

우리에게 밤을 새워 놀면 힘들지 않냐고 묻는 사람은 없었다. 밤새우는 피로감 따위는 중요하지 않은 기쁨과 의미가 그곳에 있음을 그때의 우리를 보는 누구라도 느꼈을 것이기 때문이다.

나는 그런 느낌으로 강연을 하고, 일주일에 하루만 쉬며 진료를 하고, 때로 밤을 새워 잔업을 하고 입출금을 관리한다. 그러한 노력에 대한 대가로 주어지는 돈은 단순히 '부'를 축적했다는 것만으로는 보상이 완료되지 않는다. 그것이 기부금, 여행지를 향하는 기름값, 아이 교육비 혹은 휴게소 돈가스 값이라는 '의미'로 치환될 때 비로소 보상이 된다. 심지어 돈을 벌기 위한 일을 하는 과정에서도 누군가의 인생이 바뀌는 데 기여했다는 거대한 보람까지 만날 수 있다. 그렇게 가치로 충만한 하루가 쌓여간다. 그러한 일상이 이어지고 있음에 감사할 수 있게 된다. 그렇기에 일상에 있는 고됨이란 기꺼이 감수하고 싶은, 당연히 존재하는 삶의 일부로 여겨진다.

*

우리는 삶의 형태에 집착한다. 어떤 직업을 가졌고, 월수입이 얼마이고, 어떤 집에서 살며, 대외적으로 어떻게 신망을 받는지를 중시한다. 그러나 이러한 형태는 의미가 부여되었을 때 '도구적으로' 가치가 있는 것들이다.

예컨대 돈은 가치중립적이다. 한 달 수입이 1,000만 원에 달한다 해도 삶에 특별한 의미가 없어 술을 마시거나 도박을 하는 데 모두 소진해버리는 이와, 200만 원의 수입을 가족과 타인을 위해 소중히 쓰는 이에게 돈이 가지는 의미는 다를 것이다. 숙취가 사라지고 나면 함께 사라져 있을 여흥을 위해서 몇 달, 몇 년, 평생을 노력할 수는 없지 않을까. 그러나 수백 명의 삶을 바꿀 수 있는 학교를 세우겠다는 꿈이 있다면 그만큼 열심히 할 수도 있을 것 같다.

이처럼 의미가 결여된 채 살아가는 이들은 무의미에 이어지는 허무와 투쟁하게 된다. 이를 잊기 위해 말초적인 쾌락에 몰두하거나 SNS 등으로 타인의 동경을 구걸하며 일시적인 안도를 얻기도 한다. 타인을 위압하고 과시하기 위한 부와 소박한 가정의 행복을 지키기 위한 부. 만약 그 부를 쌓기 위한 현실적인 노고가 비슷하다면 후자를 위해 살아가는 이에게 훨씬 활력과 웃음이 많을 것이다.

여행, 취미, 아이, 가족, 의미 있는 일을 하고 있다는 보람, 소소한 행복… 한 발 물러나 바라보면 누구에게 인정받을 필요도 전혀 없는, 나만이 추구할 만한 의미가 삶에는 가득하다. 찾아내거나 만들어내는 것이 아니라, 삶의 무게에 짓눌려보지 못했던 의미를 재발견하는 것이다. 일상의 노력을 명확한 의미로 치환할 수 있는 사람은 그만큼 명확한 가치로부터 더욱 힘을 얻을 것이다. 삶의 본질은 어떤 직업을 가지고 얼마나 돈을 벌며 어떤 집에서 사는지가 아니라 어떤 의미와 가치를 추구하는지에 있으며, 그 과정에서 수반되는 활력과 웃음에 맞닿아 있다.

하루가 허무한 당신에게 결여된 것은 무엇인가. 당신이 마지막으로 웃었던 건 어떤 순간인가. 어떨 때 살아 있어 다행이라 느끼고, 또 어떤 의미가 당신을 살아 있다 느끼게 하는가.

당신이 어떤 일을 하고 얼마나 명망이 높으며 얼마나 부자인지 같은 '형태'가 아닌, 당신이 오늘 누구와 함께이고, 무엇을 느끼며, 무엇을 위해 살아가는지를 이야기하는 '의미'. 당신의 삶에 목마름이 지속된다면, 그 의미의 샘물이 메말랐기 때문일지도 모른다. 의미의 물줄기를 찾아가는 과정이 삶의 허무로 인한 목마름을 달래줄지도 모른다.

느슨하게
붙잡기

잘 해내고 싶은 마음만으론
버거운 당신에게

가장 최근의 글을 블로그에 업로드한 시간이 목요일 새벽 다
섯시다. 글을 꾸준히 읽어주시는 한 환자분이 "선생님, 이
번 글은 새벽 다섯시에 올리셨던데 도대체 잠은 언제 주무세
요?"라고 물어왔다. 아마도 새벽 두세시쯤부터 열심히 글을
써서 그 시간에 업로드하는 장면을 상상하셨나 보다.

　요즘 글 한 꼭지를 하루 만에 쓰는 일은 없다. 최근에 올
린 그 글의 90%는 주말에 이미 완성되어 있었다. 월요일 퇴
근 이후에 마저 마무리해서 블로그에 올려야지 마음을 먹었
으나 진료 후 귀가해 아이 돌보고 재우기를 반복하다 보니 월
요일, 화요일이 훌쩍 가버렸다. 수요일 오전은 모처럼 진료

가 비는 타임이지만 아내와 병원을 다녀오느라 가용할 시간이 또 줄었다. 정말 거의 다 썼는데, 아쉽게 출근 10분 전이 되어 업로드하지 못한 채 집을 나섰다. 퇴근 후에는 꼭 올리자 다짐했지만 수요일은 오전이 비는 대신 야간 진료를 하는 날이다. 늦은 시간까지 육아를 도와주신 장모님과 바통 터치를 하느라 식사도 거르고 아이 곁에 누웠다가 이내 같이 잠이 들어버렸다. 허기와 피로에 일어난 시간이 새벽 네시 반쯤. 10분만 가만히 누워 핸드폰을 보다 보면 다시 잠이 들겠지만, 근 3일 동안 일과 가족만으로 가득했던, 당연하다면 당연한 일상이 아쉬워 기신기신 일어났다.

창을 열어서 해 뜨기 전 새벽 공기를 마시고 은은한 가로등을 보며 전깃불멍을 하다 보니 기분이 어쩐지 개운해져서 작성 중이던 글을 열었다. 드디어 글을 완성한 시간이 새벽 다섯시였다. 업로드를 딱 마치자마자 둘째가 깨서 우유를 보챘다. 완벽한 타이밍이다. 비몽사몽인 아이에게 젖병을 물린 채 다시 잠을 청했다. 한 시간 남짓 자다 일어나 첫째를 킥보드에 태워 등원시키며 또 평범한 하루가 시작되었다. 그래도 그날은 평소와는 달리, 한 번뿐인 삶의 기록을, 내 이름으로 출간될 책에 글 한 꼭지를 추가한 날이라는 흐뭇함이 함께였다.

＊

글을 쓰는 스타일은 사람마다 다르다고 한다. 어떤 사람들이 차곡차곡 한 줄 한 문단씩 꾸준히 문장을 쌓아간다면, 어떤 이들은 영감이 퍼뜩 떠오르면 일필휘지로 10여 분 만에 한 꼭지를 뚝딱 써내려간다.

나는 후자에 가까웠다. 이끌리는 주제에 몰입되면 글 두세 꼭지를 앉은자리에서 한달음에 쓰기도 했었다. 한참 쓰는 재미에 빠졌을 때는 대용량 아이스 아메리카노 하나를 문 채 적당한 공원 벤치에 앉아서 정신없이 노트북 자판을 두들기곤 했다. 화면만 들여다보다가 문득 고개를 들면 글이 쌓인 만큼 해가 저물어가는 낭만이 좋았다.

그런데 요즘은 피치 못하게 글 쓰는 스타일이 바뀌었다. 진료와 육아로 반나절의 온전한 몰입 같은 건 사치인 일상이 되었기 때문이다. 어느 날은 30분, 어느 날은 7분, 어느 날은 정말로 1분, 겨우 그만큼만 글을 쓸 수 있다. 둘째를 겨우 재웠다 생각하고 고양이 발로 나와 컴퓨터 전원을 켜고 첫 문장을 두들기는 순간, 아이가 자지러지게 울어 다시 재우러 갔다가 그대로 함께 잠들어버리는 나날의 연속이다.

개원과 육아를 시작하기 전에는 하루의 시간이 전적으로

나의 것이었다. 잠을 조금 줄이고, 조금의 피로를 감수한다면 얼마든지 원하는 것을 추구할 시간을 확보할 수 있었다. 클래식 유튜브를 배경으로 틀어놓은 채 단어들 속으로 빠져드는 새벽의 호사도, 졸림과 피로만 감수한다면 흔한 일상이었다. 그러나 육아를 위해서는 '노력하면 원하는 시간을 보낼 수 있는 자유'를 내려놓아야 한다. 애써 시간을 확보하려 해도, 중요한 것은 아이들이 그 시간에 나를 놓아주느냐이다. 끊임없이 할 일이 있고, 잠깐이라도 눈을 떼면 다치거나 사고를 저지를 수 있어 아이가 깨어 있는 동안에는 온전히 아이만 바라보아야 한다.

사랑스러운 아이들과 함께 보내는 시간은 그 자체로 선물이지만, 때로는 아무리 좋은 선물도 부귀영화도 필요 없이 그저 혼자만의 마음속으로 침잠하고 싶어지는 법이다. 영화에 몰입할라치면 뒷자리 관객이 의자를 발로 차거나 앞자리에서 휴대전화로 빛을 쏘는 일이 반복되듯, 글쓰기에의 몰입은 아이들의 칭얼거림으로 깨어지곤 했다.

그래서 비겁한 핑계지만 둘째가 태어나고 한때 글쓰기에 권태기가 오기도 했다. 진료와 생활 속에서 글감을 머릿속에 붙잡았다 싶어도 아이들 뒤치다꺼리를 하다 보면 이내 아지랑이처럼 흩어져버리기 일쑤였다. 피로만 더 심하고 특별히 남는 건 하나도 없는 것 같은 나날의 연속. 이럴 거면 그냥 쓰는 건 좀 접어두고 잠이라도 더 자자. 그렇게 몇 달을 쓰고 싶지만 쓸 수 없는 상태로 지냈다.

그렇게 지내던 어느 주말이었다. 아내는 조리원 동기들과 아이들 합동 생일파티가 있어 첫째를 데리고 외출했다. 그날따라 둘째도 고분고분 아침을 먹고 제때보다 조금 더 일찍 잠에 들어주었다.

갑자기 그동안 만지작거리던 글감이 떠올랐다. 노트북을 켰는데, 한 편의 글로 묶기는 무리라 생각했던 이리저리 휘갈겨놓았던 문장들이 하나의 글로 모여들기 시작했다. 한순간에 몰두해 쭉 써내려가던 것과는 다른 쾌감이었다. 놓치기 아까워 겨우 메모하듯 남겨놓은 영감은 시간이 지나며 숙성되어 있었다. 찰나의 통찰들이 모이고 모여 웅장한 변신 로봇 합체처럼 한 편의 글로 재탄생하는 느낌이었다.

즐거웠다. 혼자 쓰는 것만으로도 충분히 만족스럽다면 일기를 쓰고 말았을 것이다. 그러나 글을 블로그에 올리고 댓글과 메시지를 보며 글이 누군가에게 의미가 되고 영감을 주었음을 알게 되는 과정이 더 좋았다. 좀 더 솔직해지기로 하자. 역시 나는 쓰는 것만큼이나 그에 이어지는 일련의 과정을 좋아한다.

그때 퍼뜩 떠올랐던 개념이 수용전념을 공부하면서 참 울림을 주었던 '느슨하게 붙잡기'다. 우리는 추구하고자 하는 의미와 가치를 위해 그 순간의 최선을 선택할 자유가 있다. 그것이 비록 우리가 바라는 대로 '완벽하게'가 아니라 미흡하게, '느슨하게'일지라도.

예전보다는 잘 해낼 수 없을지 모른다는 것도 받아들이기로 했다. 여건이 좋지 않다는 것, 그리고 원하는 만큼 결과가 나오지 못할 수도 있다는 것과 '좋아한다는 것'은 별개다. 하루를 온전히 내가 바라는 대로만 구성할 수는 없지만, 어떤 상황에서도 그에 맞춰 바라는 것을 추구할 자유는 내게 있다.

현실적으로는 기존에 맺었던 출판 계약을 하나만 남기고 중단하기로 했다. 상호 호혜 계약의 원리로 이루어지는 세상에서 모든 이가 나를 무조건 믿고 기다려줄 수는 없다. 유료 글쓰기 플랫폼 계약도 취하하고, 강연 사이트의 유료 강연 제안도 고사했다. 2주에 한 편은 글을 써내야 한다는 강박도 내려놓았다(늘 기다려주시는 출판사 편집자 선생님들께는 죄송하고 또 죄송한 마음뿐이다).

그래도 느슨하게 붙잡자 다짐한다. 예전처럼 여유 있고 우아하게 쓸 수는 없는 것이 현실이다. 분량이 만족스럽지 않고 결과물이 그럴듯하지 않더라도, 쓰는 사람으로서 소소한 의미와 기쁨을 느슨하게, 하지만 꼭 붙들어보자고 다짐했다.

그래서 요즘은 디스크 조각 모음처럼 글을 모은다. 미흡하고 짧은 파편들을 틈틈이 그러모아 이윽고 한 꼭지의 글로 엮는다. 번뜩이는 영감으로 한 번에 써내려가는 글보다 세련됨은 덜할지 모르지만, 요즘 쓴 글은 놓치고 싶지 않은 삶의 찰나들이 모이고 고여 더욱 소중하다.

✳

한참 우울의 시기를 지나는 이에게 "운동을 좀 해보면 좋아질 거야"라는 말만큼 바보같이 느껴지는 조언도 없다. 그 정도를 모르는 사람은 없다. 알면서도 안 돼서 어려움을 이야기하는데, 마치 너는 아직 모르는 무언가가 있다는 투로 당연하고 뻔한 조언을 하면 듣는 사람은 허무할 수밖에 없다.

중독 치료의 권위자인 유명한 교수님이 학회 때 알코올중독 치료에서 가장 하수는 "술을 끊으셔야 합니다"라는 말을 하는 치료자라고 했다. 비슷한 맥락이다. 술을 끊는 것이 중요함을 모르는 환자는 없다. 알면서도 너무도 안 되는 그 막막함을 다루는 것이 치료자다. 새로운 방법이 필요한 것이 아니다. 우리가 모두 알고 있는 그 방법, 너무도 버겁고 막막하게 느껴지는 그 길을 꾸준히 갈 수 있는 관점이 필요한 것이다.

본디 살아가면서 하는 고민의 정답은 대체로 뻔하고 재미가 없나 보다. 먹기만 하면 살이 빠진다는 다이어트약보다는 솔깃하진 않지만 꾸준한 식이요법과 운동이 건강 관리에 더 좋은 것과 같다. 삶의 반전은 어떤 특별한 계기가 아니라, 이미 잘 알고 있지만 실천은 어려운 작은 걸음들이 쌓여 이루어진다. 우리에게 필요한 것은 획기적인 변화가 아니라, 이미 알고 있는 지루한 정답을 묵묵히 쌓아갈 수 있는 인내와 시간이다.

그래서 '느슨하게 붙잡기'가 필요하다. 바라는 삶을 향하며 살아가는 행복을 추구함에 있어 핵심은 잘 해내는 것이 아니다. 때로 느슨하게 잡더라도, 소중한 것들을 놓지 않는 것이 중요하다. 때로 더디거나 어긋나더라도 원하는 삶으로 다가가는 그 길을 꾸준히 나아가는 것, 모든 것이 생각대로만 이뤄질 수는 없는 삶을 살아가며 추구하는 행복의 원리다. 지금 우리의 최선으로, 가능한 만큼으로.

의미를 몰라서
자유로운 우리의 삶

**왜 살아야 하는지
되묻는 당신에게**

왜 사는 걸까. 사는 것이 힘에 부칠 때 누구나 한번쯤 해보는
고민이다. 이렇게 고달픈 삶을 왜 끝내지 않고 견뎌야 하나.
그 의문은 당연히도 삶을 견디고 있을 때 찾아온다. 우리는
사는 것이 기쁠 때는 삶이 어째서 행복한지 분석하지 않는다.
그런 순간에는 그저 감사하며 주어지는 일상에 몰입해버릴
뿐이다. 반면 인생이 고달플 때는 일상에서 벗어나 생각의 굴
속으로 웅크린다. 짓눌러오는 인생의 무게가 숨 막혀 그 무게
를 버텨야 할 이유라도 찾아보지만, 그럴 만한 이유를 찾기란
쉽지 않다. 하루의 소소한 위안 따위는 이 버거움에 비하면
너무 하찮다. 작은 소중함을 찾는 건 모두 미뤄둔 채 우리는

답을 내릴 수 없는 고민 속을 부유한다.

잠결에 나를 찾다 등 뒤를 포근히 감싸오는 아기 손의 온기, 일로 몇 달간 고향을 떠나 있다 새벽녘 KTX에서 내리자마자 택시를 타고 도착한 친구네 국밥집에서 국밥 한술 뜰 때의 감동. 그런 느낌을 말이나 글로 고스란히 표현하는 것이 가능할까. 상쾌하다, 시원하다 따위의 단어로 어린 시절 내 몸을 고스란히 품어주었던 그리운 바다 앞에 몇 년 만에 다시 섰을 때의 느낌을 감히 표현할 수 있을까. 고작 그 정도의 언어로 삶의 의미를 나타내는 것은 초라한 일이다. 인간의 생각과 말이란 참으로 빈약하여 삶의 의미가 될 만한 짙은 감정을 담아내기에는 턱없이 부족하다. 살아가는 맛은 말로 표현할 수 없고, 말로 표현하는 순간 그 빛을 잃는다.

그런데 마음대로 되지 않는 인생의 고통이 지나치면, 인간은 알량한 단어들을 나열하며 그 고됨의 이유를 설명하려 든다. 삶이 선사하는 느낌 자체는 뒤로한 채 빈약한 이성과 논리를 동원한 설명에 집착한다. 삶의 고통을 마주하고, 그 고통을 견딜 논리를 찾고, 그 논리의 허술함에 다시 절망하는 악순환이다.

문제는 삶의 의미를 찾지 못하는 것이 아니라, 힘들 때마다 삶이 무의미하지 않은 이유를 찾겠다며 일상에서 벗어나

빈약한 언어적 틀로 회귀해버리는 우리의 습관에 있다. 지극히 현실적이고 직접적으로 전달되는 뼈아픈 인생의 무게에 비해, 생각으로 떠올릴 수 있는 우리에게 위안을 주는 소소한 것들, 지금의 나 자신과 미래를 위한 작은 시도들은 하찮기 짝이 없게 여겨진다. '내가 이렇게 힘든데 그딴 것들이 무슨 소용이야'라는 말속에 우리를 살게 하는 것들이 매몰되어버린다. 그렇게 우리는 시시각각 우리에게 쏟아지는 진짜 의미들로부터 멀어져, 어떠한 기쁨도 생기도 주지 않는 '삶의 의미에 대한 고민'이라는 감옥에 갇힌다.

✳

우리는 지극히 불완전한 존재로서 완벽하지 않은 삶을 살아간다. 건강, 대인관계, 트라우마, 경제적인 어려움… 마음의 평온을 위협하는 것은 무수히 많다. 이는 내가 얼마나 잘못 살아왔는지 혹은 삶이 내게 얼마나 가혹했는지와는 무관하다. 정도에 차이는 있겠으나 인생에 마음대로 되지 않는 것이 존재한다는 것은 매우 보편적이고도 자연스럽다.

그러나 우리는 이러한 위협을 '불편하지만 존재할 수 있는 것'으로 간주하지 않고 '존재하면 안 되는 이질적이고 비정상적인 것'이라 간주한다. 마음이란 평온하고 부드러운 상태인 것이 정상이며, 불안하거나 두렵거나 슬픈 등의 불편한 감정을 느끼는 것은 상당히 정상을 벗어난 상태로 인식하는 것이다. 그 결과 우리는 비정상을 정상으로 돌리려고 시도한다. 그 시도는 다음과 같은 도식을 따른다.

1. 인생이 어떻게 잘못되어 있는지, 내게 어떤 문제가 있는지를 분석하고
2. 그 원인을 알아내려 하며
3. 그 원인을 해결하고 변화를 시도함으로써 힘든 마음을 제거하려 한다.

그런데 마음이 지치고 힘든 상태이므로 그 시도는 주로 머릿속에서 일어난다. 실제로 의미 있는 일을 하거나 좋은 사람을 만나는 것이 아니라, 어떻게 해야 이 고통에서 벗어날지를 끊임없이 사고할 뿐이다. 나는 왜 힘든 것일까, 무엇이 문제고 그 원인은 뭘까, 이렇게 힘든 삶을 이어갈 이유는 무엇일까. 하지만 잠깐의 고민으로 해결책이 나올 어려움이었다면 애초에 나를 그렇게까지 괴롭히지 않았을 것이다. 그렇게 답을 도무지 찾을 수 없다는 막막함만이 쌓인다.

더욱 큰 비극은, 그러한 생각에 몰입하느라 '인생에 어떤

힘든 것들이 존재하는지'만 지속적으로 떠올리게 된다는 점이다. 지금 당장 너무도 깊이 체감되는 심리적 고통에 비하면, 떠올릴 수 있는 기쁨이란 너무도 미미하고 무의미해 보인다. 사랑하는 사람, 나만의 꿈, 생기와 활력을 줄 소소한 감동 따위는 사치라는 냉소만이 마음에 가득 찬다. 삶의 의미를 찾으려는 시도가 오히려 염세를 더하는 악순환이다. 그렇게 우리는 편안해지기 위해 생각을 시작하고, 그 생각 속에서 더욱 불편해지기를 반복한다.

어떤 신, 절대자가 존재해서 우리네 삶의 의미를 미리 정해놓았다고 하자. 그 안에서 우리는 안식을 얻을 수 있을까. 만약 누군가가 정해놓은 인생의 의미가 있다면, 나는 그것이 그어떤 저주보다도 끔찍하게 느껴진다. 내가 하루를 어떻게 보내든, 누구를 만나고 어떠한 일을 하든, 그 의미가 내가 아닌 다른 존재에 의해 미리 규정되고 고정되어 있다니. 하루를 열심히 살아가는 것이 스스로 떠올린 소중한 가치를 추구하기 위함이 아니라, 보이지 않는 설계를 무작정 따르기 위함이라고 한다면 역설적으로 그보다 더 무의미한 것도 없을 것이다.

*

정해진 삶의 의미 따윈 존재하지 않기에 우리는 자유롭

다. 사는 이유를 모른다는 것은 고통이 아니라, 어떤 의미를 떠올리며 살아갈지를 택할 수 있다는 자유다. 무엇을 지향하며 보내는 하루가 나를 충만하게 하며 살아 있다는 느낌을 전해주는가. 그것이 살아가는 의미다. 이는 당연히 모든 사람마다 다르며, 또 생의 모든 순간마다 다르다.

거창할 필요는 없다. 그 의미는 놀이공원에서 커피잔 모양의 놀이기구 핸들을 돌릴 때 자지러지듯 웃는 아이의 얼굴에 있다. 몇 달, 몇 년 만에 겨우 다시 만난 친구가 예전과 똑같이 반가운 순간에도 있고, 유튜브를 보고 서툴게 따라 한 요리가 의외의 맛을 낼 때에도 있다. 별것 아닌 것들이 가장 대단할 수 있으며, 누군가에게는 무가치한 것들이 내게는 더없이 소중할 수 있다.

그래서 내게는 사는 의미가 무엇인지보다는, 그 의문이 지금 마음에 왜 떠오르는지가 더 중요하다. 그리고 그 질문에 대한 답변을 추구하는 과정이 미처 몰랐던 삶의 진리를 깨치게 해주고 살아가는 힘을 주는지, 혹은 인생에 대한 회의감과 허무함을 더하며 그나마 남아 있던 마음의 기력을 잃게 하는지를 생각할 것이다. 마음에 찾아오는 질문에 무턱대고 답을 찾기보다는, 그 질문과 답을 구하는 과정이 어떤 '기능'을 하는지, 나의 삶을 '실효적'으로 나아지게 하는지를 살펴볼 것이다.

만약에 내게도 그러한 질문이 드는 버거운 시기가 찾아온다면, 이전에도 늘 그랬듯 바다를 찾을 것이다. 여덟 시간을 내리 같은 자리에서 해가 솟고 지는 바다의 하루를 고스란히 바라본 적이 있으신지. '바다, 푸른 파도, 해수욕장, 시원함' 따위의 단어로는 결코 담을 수 없는 우주가, 매번 파도가 밀려올 때마다 생겨났다 사라진다. 이어폰을 꽂고 어울리는 음악을 배경음악으로 두고 바라봐도 좋지만 사실 파도 소리 자체가 어떤 음악도 따라오지 못하는 선율이다. 하늘에 떠 있는 해의 위치에 따라 파도의 색도, 그 배경에 깔린 하늘의 빛도 표현할 수 없이 오묘하게 변화하는 과정을 그저 바라보고 싶다. 트렁크에 던져놓았던 은박지 돗자리를 오랜만에 꺼내 모래사장에 깔고 누워 바다처럼 펼쳐진 하늘도 보고 싶다. 이는 '생각 속의 삶'에서는 결코 느낄 수 없는 의미 있는 감정을 전해준다.

누군가가 내게 사는 의미가 무엇인지 묻는다면 이런 것들이라 억지로 답하겠으나, 말로 표현하는 순간 이미 그것들이 주는 생기를 오롯이 전달할 수 없게 되어버린다. 나를 살게 하는 그 느낌은 어차피 말로는 전할 수가 없는 것이다. 그래서 내게 인생의 의미가 무엇인지, 그것이 얼마나 설득력이 있는지 같은 건 그다지 중요하지 않다. 그런 순간에 온전히 몰입할 수만 있다면.

내일도 24시간이 주어진다. 그 시간 동안 우리는 잠도 자고, 먹기도 하고, 씻기도 할 것이다. 인생은 그 나머지 시간을 어떻게 보낼까에 대한 것이다. 그 소중한 시간과 한정된 마음의 기력을 나는 답할 수 없는 질문에 소진하고 싶지는 않다. 그 대신 사랑하는 아이를 한 번 더 바라보고, 손을 잡고, 놀이 공원을 가거나 진료실을 정돈할 것이다. 허락되지 않은 것들에 어떤 것이 있는지를 고민하기보다는 실제로 나를 충만하게 하는 것을 찾아 나설 것이다.

삶에 정해진 의미가 없어 우리가 자유롭다는 사실이 부담스럽고 버겁게 느껴진다면 당신은 아마 많이 지친 것일지도 모른다. 그렇게 지친 당신에게는 어떤 하루가 가장 좋을까. 당신은 어떤 일상에서 가장 위로받는가. 어떤 상황에서든, 어떠한 마음 상태든 그것을 자유로이 고민할 수 있다는 것이 우리에게 허락된 삶의 의미다.

말로써 당신을 설득할 자신은 없다. 단지 바랄 뿐이다. 당신이 답을 찾을 수 없는 생각의 늪에 갇히지 않기를, 그 대신 당신의 삶에서 사랑할 만한 것들에 실제로 접촉할 수 있기를.

노력과 결과가
비례하는 것은 아니지만

원치 않은 결과에
좌절한 당신에게

학업에 대한 부담으로 우울과 불안에 시달리다 병원에 방문하는 이들이 많다. 이들에게 "성적은 노력에 달린 걸까요?"라고 질문하면, 백이면 백 그렇다고 답한다. 그들에게 "음… 아니요. 저는 성적은 노력에만 달린 건 아니라 생각해요"라고 이야기하면 의아해한다. 보호자가 함께 면담 중일 때는 '이 인간이 열심히 공부하는 우리 애에게 무슨 이상한 소리를 하려고 그러나' 당혹스러워하는 모습도 보인다.

한국의 수험생들에게 노력만능주의는 신념이다. 불안도가 높은 부모일수록 아이의 성적이 부진한 것과 아이의 미래 불행을 연결 짓는 경향이 강하다. 그리고 그 예측된 두려움은 아이에게 그대로 전가된다. 목표하는 성적(당연한 말이지만 그 기준은 평균이 아닌 상위권 혹은 최상위권이다)에 다른 변수가 작용할 수 있음을 인정하는 것은 불안한 학생과 학부모 모두를 더 두렵게 한다. 반면 열심히만 하면 좋은 성적을 얻을 수 있다고 보는 관점은 열심히만 하면 되니까, 라는 심플한 결론으로 이어지며 일단 안도감을 주는 것 같다.

그러나 우리 모두가 성적이 노력과 100% 비례하지 않는다는 사실을 잘 알고 있다. 각을 잡고 정말 열심히 준비한 시험에서도 출제 경향이 공부한 방향과 맞지 않아 결과가 엉망이 되기도 하고, 쫓기듯 벼락치기로 기출 문제만 훑듯이 준비한 시험에서 운 좋게 좋은 성적이 나오기도 한다. 열심히 한다고 해서 시험 당일 컨디션이 좋다고 보증할 수 없고, 오히려 무리하다가 컨디션이 더 망쳐지기도 한다. 심하게는 시험 당일 먹은 음식에 탈이 날 수도 있다. 잘해야 한다는 마음이 지나쳐 오히려 부담감과 긴장에 압도되어, 정작 시험 날에는 문제조차 제대로 풀지 못하는 경우도 허다하다.

그럼에도 우리는 뻔한 사실을 애써 외면하려 한다. "열심히 하기만 하면 원하는 것들을 다 이룰 수 있어!" 하며 부모는 자식을, 수험생은 스스로를 다그친다. 그리하여 원하는 결과만이 행복의 유일한 열쇠가 되고, 그 열쇠를 획득하지 못한 것은 성심을 다하지 못한 증거가 된다. 최선의 노력을 했음에도 기대가 어긋나거나 예상치 못한 좌절이 일어날 수 있는 것이 삶인데, 이 당연한 사실을 받아들이기가 누구에게나 어려운가 보다. 나 역시 이를 받아들이는 데 30여 년이 족히 걸렸다.

✻

지금도 그렇지만 입시 때 의대 문턱을 넘는 것은 만만치 않았다. 학업 과정을 꽤 성공적으로 마쳤다고 자부했던 나는, 스스로의 학업 능력뿐 아니라 노력 능력까지도 과신했다. 시건방지게도 그때의 나는 성적이 잘 나오지 않는 친구들에게는 뭔가 문제가 있으리라 넘겨짚곤 했다. 공부 시간이 부족하면 노력이 부족한 것이고, 공부 시간이 충분하고 열심히 하는데도 성적이 부진하면 노력하는 방법을 잘 모르는 모양이라고 간주했다. 돌이켜보면 정말 부끄럽고 오만하기 짝이 없는 생각이다.

노력과 성적의 상관관계에 관한, 의대를 다닐 때 경험한 흥미로운 에피소드 두 가지가 기억난다. 하나는 '스캐너 친구'에 관한 것이다. 학업에는 자신이 있던 나의 큰 코가 무참히 깨진 계기이기도 했다. 이 친구는 공부를 할 때 줄을 치며 요약하거나 필기를 하지 않았다. 공부 시간도 매우 짧았다. 그저 교과서나 남들이 요약한 노트를 물끄러미 읽기만 했다. 그런데 그렇게 하면 그의 머릿속에는 한 번 읽은 페이지가 스캔이 된 것처럼 기록된다고 했다. 나라면 한 페이지로도 한 시간을 씨름할 내용을 이 친구는 한 번만 쓱 훑어도 몇 문단 몇째 줄에는 어떤 내용이 있다는 식으로 기억했다. 충격이었다. 이런 놈이랑 같은 시험방법으로 경쟁하고 있었다니 허망하기도 했고, 감히 이런 분과 같은 학교를 다니고 있다니 황송하기도 했다. 그러고 보면 의대에는, 그렇게 열심히 공부하지 않아도 성적은 상위권을 유지한다는 것을 은근한 자랑으로 삼는 이들이 많았다. 그에 반해 나는 꽤 열심히는 하는데 까보면 성적은 대단하지 못한 둔재였다. 그런 괴리가 서글펐다.

또 다른 에피소드는 '족보 거부 동기 형'에 관한 것이다. 이 형은 공부할 때 이른바 족보, 선배들로부터 내려오는 시험 문제 예시를 보지 않았다. 대신 교수들이 지정해주는 원서를 읽고 강의록을 열심히 공부했다. 지식의 넓이와 깊이로는 당연히 동기들 중 이 형을 따라갈 자가 없었다. 문제는 시험 성적이 그렇지 않았다는 데 있었다. 족보 그대로 숫자만 달리 나와 동기들은 거의 100% 맞히는 문제도, 이 형은 공부하면서 눈여겨보지 않은 부분이면 혼자 틀렸다. 그럴 때마다 형은 분노했다. 교수들은 강의 시에 족보 같은 건 퍼지도 말고 원서와 강의록만 봐도 충분하다고 강조했기 때문이다. 분노할 만도 했다.

이러한 유의 에피소드를 6년간 경험하며 나는 노력만능주의에 대한 냉소를 얻게 되었다. 의대 생활은 비단 학업 능력뿐 아니라 부모의 직업, 재력, 사회적 지위라든지, 외모나 사회성이나 성격… 정말로 내가 어찌할 수 없는 것에 좌우되는 일이 많았다. 노력만으로 안 되는 것, 아무리 열심히 해도 어찌하기 힘든 것이 존재함을 받아들이는 과정이 서글펐다. 비학군지 일반 고교에서 우물 안 개구리처럼 시험 성적 좀 좋다고 우쭐해 타인의 삶과 노력을 함부로 넘겨짚었던 나의 과거가 초라하고 또 부끄럽게 느껴지는 시간이었다.

이후 수용전념 치료를 접하고 정신과 진료를 이어가며 비로소 느끼게 된 것이 있다. 노력해서 원하는 결과를 얻어내는 데 성공하면 행복해지고 그렇지 않으면 불행해진다는, 그간 적용해왔던 근본적인 삶의 원칙이 실제 행복에는 그리 도움이 되지 않았다는 것. 단기적으로 이루어지지 않는 일들에 슬퍼하고 그 실패의 기록을 반추하느라 미처 느끼지 못했던 일상의 사소한 소중함과 의미가 참 많았다는 것.

인생에 어찌할 수 없는 것이 존재함을 수용하자, 비로소 어찌할 수 있는 것이 보이기 시작했다. 모든 것을 내가 원하는 대로만 이룰 수는 없다는 사실을 받아들이니, 그럼에도 오늘 내가 어찌할 수 있는 것에 전념할 수 있게 되었다. 그리고 진정한 의미의 기쁨은 가뭄에 콩 나듯 원하는 결과물이 주어졌을 때 느낄 수 있는 찰나의 쾌감이 아니라, 무던한 하루에 몰입하며 살아가는 그 자체에서 주어지는 충만함임을 깨닫게 되었다.

그러자 '노력해야 해!'라고 스스로를 채근하는 일은 오히려 없어졌다. 오버타임 진료를 마치고 집에 들어오자마자 쓰러져 잠이 들거나, 아이를 겨우 재우고는 탈진해 유튜브를 보는 나를 비난하지 않게 되었다. 대신 그러한 피로를 무릅쓰고도 마냥 누워 있는 것보다 나은 일이 있다면, 이를테면 지금 글을 쓰는 것과 같이 더 의미 있는 일이 있다면 '그냥 그것이 좋으니까' 해나가기도 했다. 해야 하지만 할 엄두가 나지 않던 일들이, 하지 않아도 무방하지만 하면 더 좋은 일로 인식되기 시작했다. 나에게 좋은 하루를 고민하고, 또 그보다 더 좋은 하루는 무엇인지를 고민하며 살아가기 시작했다. 아무것도 아닌 것 같으면서도 삶의 모든 것을 달라지게 한 관점의 변화다.

참 아이러니하게도 인생의 이정표라 할 만한 것들, 이를

테면 결혼, 육아, 저작, 강연, 개원 같은 일들은 무작정 어떠한 목표를 이뤄야 한다는 강박을 내려놓은 채 '그 자체에 몰입할 때' 더욱 잘 이루어졌다. 반드시 성취해야 한다고 무리하지 않고 그저 내가 할 수 있는 일들을 그날 할 수 있는 만큼만 최선을 다하는 하루하루를 쌓아갔을 뿐인데, 그 하루들이 모여 상상으로는 감히 예측할 수도, 설계할 수도 없는 여러 결과로 돌아왔다. 반드시 달성해야 한다는 부담이 덜어져 오히려 온전히 '진심으로' 몰입할 여유가 생겼기 때문일 것이다.

*

'노력하면 모든 것이 원하는 대로 이루어진다.' 나는 이 명제에는 동의하지 않는다. 그러나 그 부동의가 노력의 가치를 냉소하거나 폄하한다는 의미는 아니다. 단지 초점을 달리할 뿐이다. 결과보다 과정이 중요하다는 식상한 이야기를 하려는 것도 아니다. 당연히 나 역시 이왕이면 좋은 결과를 기대하지만, 결과가 어떻게 될지를 염려하는 것보다 더 가치 있는 것을 찾았을 뿐이다. 내게 최선인 오늘에 몰입하고 온전히 그 몰입이 주는 의미와 활력을 느끼는 것, 내게는 가장 중요한 일이자 무엇보다도 큰 행복이다. 그로부터 주어지는 의미와 활력은, 불확실하고 예정되어 있지 않은 결과에 대한 두려움을 견디며 '그저 노력하며' 살아가는 또 다른 힘이 된다.

우리에게 어떤 일은 예상보다 더 좋게 일어나고, 어떤 일은 생각보다 더 형편없이 진행된다. 스스로가 얼마나 최선이었는지, 진심이었는지와는 무관하게 삶은 그렇게 이루어져 있다. 자연스러운 인생의 원칙이 그렇다면 나는, 노력이 나를 어떻게 배신했는지를 되새기며 살지는 않겠다. 지금 하고 있는 노력이 어떻게 나를 배신할지를 예측하며 두려워하는 것은 더욱 원치 않는다.

대신 아침마다 오늘 하루 나아갈 방향을 떠올리고, 하루만큼 허락된 걸음을 내딛는 일을 매일 새로이 한다. 그 작심 하루를 평생 반복하고 싶다. 어떠한 결과물을 이루기 위해서가 아니라, 소중한 것들을 머릿속에 품고 이를 향해 하루를 온전히 몰입하는 '지금 이 순간의 나의 모습이 좋아서' 그러한 나날을 꾸준히 이어가고 싶다.

우리는, 그리고 우리의 인생은 완벽할 수 없다. 아무리 열심히 했더라도, 최선을 다했더라도 상상했던 결과물이 무조건 주어지지는 않을 수 있다. 당연하지만 한 번도 당연하지 않았던, 아프지만 자연스러운 그 사실을 받아들이면서 나는 무한히 자유로워졌다. 그 자유란 바라는 것들이 이루어질지와 무관하게 온전히 나 자신을 위해 하루를 쓸 수 있다는 평온함을 주었다. 그리고 이를 기반으로 내게 허락된 최선의 오늘에 몰입하는 것이 그간의 삶을 통해 나름대로 정의한 진정한 노력의 의미다. 그 자유와 평온, 진정한 노력의 의미를 당신과도 나누고 싶다.

✳

'족보 거부 동기 형'은 잘 지내고 있을까? 안부를 물을 정도로 가깝진 않아 소식을 모르지만 아마 잘 지낼 것이다. 전해 듣기로는 학문에 대한 그의 순수한 열정을 알아본 미국 모 대학의 교수님 초청으로 연구자로서 이민을 갔다고 한다. 그에게 어울리는 멋진 소식이었다.

당신의 노력도 당신을 배신하기보다는, 아마 당신이 예상할 수 없는 방식으로 돌아올 확률이 높다. 열정과 진심은 단기적으로 좋은 시험 성적을 보장하진 않지만, 원하는 삶과 행복이라는 장기적인 결과를 이끌어내는 데는 꽤 효과적이기 때문이다. 그리고 우리가 타인의 진심을 민감하게 느끼고 또그에 이끌리기 때문이기도 하다.

악마뿐 아니라
천사도 '디테일'에 있다

장인어른은 팥을 좋아하신다. 경주 황남빵처럼 주재료가 팥
인 유명한 음식이 보이면 종종 사다 드리는데, 그럴 때마다
첫째 손에 들려서 전해드린다. "팥이 좋아 보여서 사봤습니
다"라는 투박한 사위의 말보다는 "할비(조부에 대한 아이의 애
칭) 단팥빵 사 왔어요"라고 손주가 직접 안겨드리는 빵 봉투
가 훨씬 달가우시지 않을까 하는 아내의 생각이었다. 몇 번
그랬더니 어느 순간부터 처가에 갈 때마다 첫째가 "할비집
갈 때는 단팥빵 사 가야 해"라고 먼저 말한다. 아이의 마음속
에도 '외할비'가 좋아하시는 모습을 보고 싶은 귀여운 정성과
센스가 싹튼 모양이다. 때때로 피치 못하게 딸 부부를 대신

264

해 귀한 주말 동안 손주를 돌봐야 하는 것과, "할비 단팥빵 드세요"라며 빵 봉투를 안고 다섯 살배기 손주가 찾아오는 것은 다른 느낌일 것 같다. 그 정도 애교로 감히 그 노고에 대한 감사를 온전히 되돌려드릴 수 있다는 것은 아니다. 다만 같은 상황이라도, 일상에 작은 부드러움과 따뜻함을 더할 수 있는 세심함과 배려에 대한 이야기다.

무뚝뚝한 집안 내력상 결혼 전의 나는 사소한 배려를 하는 것이 익숙하지 않고 어색했다. 그에 비해 아내는 이러한 부분에 대한 센스가 남다르다.

크리스마스를 앞두고, 아이들이 어려 뾰족하고 딱딱한 트리를 들여놓기에는 무리가 있어서 아쉬웠다. 그래서 대형 마트에 가서 소품이라도 몇 개 사볼까 이야기를 꺼냈다. 아내가 알아서 하겠다고 이래저래 찾아보더니, 이브날 밤 대뜸 풍선을 불라고 했다. 지팡이 같은 기둥 풍선과 머리띠 같은 나뭇잎 풍선들을 차례차례 합체하니 훌륭한 트리가 되었다. 아이들이 아무리 만지고 그 위로 넘어져도 전혀 다치지 않고 안전하다. 뜨개실과 부직포로 만들어진 메리 크리스마스 가랜드(이 용어도 결혼하고 처음 알았다)에서도 포근함이 물씬 배어난다. 베란다 창에 크리스마스를 기념하는 문구와 루돌프 얼굴을 붙이고 풍선 트리와 산타 풍선을 곁에 두니 10여 분 만에 훌륭한 파티룸이 되었다. 같이 주문한 루돌프 머리띠를 아이들에게 씌워주고 사진을 찍는다. "동생 손 잡아줘"라고 어른들이 이야기하니 서로 안아주고 뽀뽀도 하는 아이들의 모습이 너무 사랑스럽다. 거실 가득 크리스마스가 내린다. 돌아오는 기쁨과 행복에 비해, 요즘 물가를 생각한다면 여기에 든 비용과 수고는 너무도 사소한 것이다.

추석 연휴 때는 코로나 이후 첫 해외여행을 일본으로 다녀왔다. 이후로 일주일 만에 달걀프라이를 스무 개는 구워 먹었고 그만큼 체중도 증가했다. 범인은 여행 가서 사 온 달걀 전용 간장과 나만의 비법 양념이었다.

평소 육회를 너무 좋아해서 여러 맛집을 먹어보고 인터넷 레시피를 보며 나름대로 분석해 비법 양념을 만들었는데, 많은 양념 필요 없이 참기름+맛소금(msg가 포함되어 있어 매우 중요)+후추면 충분했다. 우둔살을 육회용으로 잘라(사 먹는 육회에 비하면 반값이다) 이렇게 양념해서 먹었더니 충격적으로 맛있었다. 소고기뿐 아니라 그냥 밥을 비벼 먹어도 좋고 돼지고기를 구워 찍어 먹어도 맛있다. 원래 간장계란밥도 정말 좋아해서 일주일 내내 먹으래도 가능할 정도였는데, 갑자기 이 비법 양념이랑 달걀 전용 간장을 조합해보면 어떨까 하는 생각이 들었다.

맛소금으로 msg를 보충하여 기름을 많이 둘러 튀기듯 달걀을 구워냈다. 흰자는 타기 직전 수준으로 노릇하지만 노른자는 반숙 상태, 내가 가장 좋아하는 프라이 스타일이다. 달걀프라이를 밥에 올리고 노른자를 터트리면 함께 어우러지도록 간장도 노른자 주위에 흐르게 뿌려준다. 참기름을 두르고 마지막에 충분히 향이 날 정도로 통후추를 그라인더(그라인더는 2,000원이면 구입 가능한데, 가루후추보다 통후추가 대량구입하면 더 싸다. 후추 원가가 워낙 싼 탓에 가공 포장비가 더 비싸서다.)로 갈아서 뿌린다.

눈감고 먹으면 간장을 산 일본 온천 여행지 근처의 풍경이 떠오른다. 마치 간장계란밥만 100년 팔아온 아주 오래된노포에서 먹는 듯한 착각을 일으킬 정도로 만족감과 감칠맛이 밀려온다. 한 번에 네 개를 구워도 식사 시간이 너무 짧아아쉽기만 하다.

✳

얼핏 아무짝에도 쓸모없는 것, 없어도 당장 살아가는 데는 아무런 차이가 없는 디테일이다. 먹고살기 팍팍한데 트리없이 크리스마스를 보내면 어떤가. 처가에 굳이 귀찮게 팥빵을 사 가지 않아도, 그걸 누가 전해드려도 먹고사는 데 무엇이 문제일까. 간장계란밥 따위 간편하게 먹으려고 하는 건데 뭐가 그리 거창한지, 바빠 죽겠는데 대충 한 끼 때우면 그만이지 않을까.

그러나 어느 순간부터 나는 그 '상관없음', 조금 더 풀어 이야기하면 '작은 것들에 대한 냉소'야말로 행복으로 가는 길목의 함정이라는 생각이 들었다. 우리를 위로하는 것들은 늘 작은 것이나, 인생의 큰 것들을 이어가는 압박과 두려움은 우리가 작은 것들과 접촉하는 것을 가로막기 때문이다.

우리의 주의를 끄는 것은 당면한 문제들이다. 입시, 구직, 결혼, 육아, 자녀교육, 건강, 노후 대비… 그 막막한 삶의 쳇바퀴 속에서 우리는 작은 행복 따위는 허락되지 않는다는 압박을 느낀다. 사소한 기쁨 같은 건 사치, 섣부른 소망이 된다. 아직 그러한 순간을 누리기에는 이르다, 나는 자격이 없다, 그런 감상에 빠질 틈이 없다며 불안은 끊임없이 우리를 몰아세운다.

나를 찾아오는 이들은 이러한 삶의 외줄타기에서 떨어져 마음을 다친 이들이다. 그런 그들을 치유하는 건 대단한 것, 엄청난 인생의 반전이 아니다. 그래도 살아야지, 하고 손을 잡아주는 언니의 따뜻한 손, 늘 자신을 바라보고 있는 아이들의 눈빛 같은 것들이다.

이러한 형태의 행복 담론은, 그런 것을 느끼고 추구할 여유가 되는 사람들의 전유물이라는 비웃음을 받기 일쑤라는 것을 잘 알고 있다. 힘들면 내려놓으면 된다, 여유만 가질 수 있으면 인생의 문제는 저절로 해결된다는 감상론으로도 결코 빠지고 싶지 않다.

그러나 우리는 이미 충분히 치열하게 산다. 수험생들은 공부를 하며 최선을 다하고, 직장인들은 스스로의 미래, 혹은 가족들의 안녕을 위해서 하루의 대부분을 하고 싶은 일보다는 해야 하는 일을 하며 보내고 있다. 다만 정말로 치열하게, 더 할 나위 없이 최선을 다하더라도 삶은 우리의 기대와 노력을 곧잘 배신한다. 그럼에도 우리는 살아가고, 살아내야 한다.

그래서 우리에게 필요한 것은 삶이 왜 잘못되었는지에 대한 분석, 무엇을 더 치열하게 해야 할지에 대한 노력 담론이 아니라 우리의 최선을 이어갈 수 있게 하는 의미와 힘이다. 꾸준히 살아갈 수만 있다면 또 다른 시기가 찾아온다. 그래서 우리에게는 막막한 때마다 그때그때 최선을 묵묵히 이어갈 수 있는 의미와, 하루를 견뎌낼 수 있는 힘이 필요하다.

먹고살기 팍팍할수록, 사회가 말초적이고 배금주의적인 가치를 지향할수록 곧잘 냉소받고 천대받기 일쑤인 디테일이 내게는 무엇보다 소중한 삶의 의미요 힘이다. 아마도 당신의 일상 속에도 분명히 녹아 있을, 그러나 관심을 기울이지 않으면 스쳐 지나가버릴 사소한 소중함이다.

돌이켜보면 '이제 앞으로는 걱정할 것 하나 없으니 마음껏 행복해도 돼'라고 느끼는 순간은 살아오는 내내 단 한 번도 없었다. 원하는 것이 이루어지고 고민하던 것이 생각대로 해결되어 자연스럽게 행복으로 이어지는 경로는 직관적이고 본능적이나, 우리의 삶에 존재할 수 없다. 애초에 우리의 마음은 이만하면 되었다는 지점에 도달하는 데 익숙지 않기 때문이다.

먹고사는 걱정은 하나도 없을 유명 스타나 재벌가 자제들이 한강이 보이는 멋진 거실 한구석에서 마약을 하고 말초적인 자극을 추구하는 삶의 형태. 그것이 이 사회의 철학이요 지향점은 아닐지 섬뜩할 때도 있다. 그런데 부의 축적, 도박이나 성적 자극 같은 행위, 술이나 마약 같은 물질들을 통해 공허함과 불안을 일시적으로 잊고 만족을 추구하는 데는 한계가 없다. 이전에 경험한 자극이 크고, 일시적인 고독으로부터의 도피가 짜릿했거나 홀가분했을수록 현실로 돌아왔을 때의 고통은 더욱 크게 느껴진다.

인간의 쾌락은 생존과 번식에 유리한 것들에 대한 보상 자극이기 때문에, 쾌락이 주어질수록 만족하기는커녕 오히려 큰 자극을 추구하도록 설계되어 있다. 그리고 행복이 아니라 생존을 위해 형성된 우리의 본능은 늘 삶의 소소한 기쁨보다는 불안과 고독에 민감하게 반응한다. '욕구를 무한히 충족시키는 형태의 행복'이 어려운 이유다.

그렇기에 미래에 대한 불안에서 완전히 해방될 수 있는 부, 세상 누구에게도 허리를 굽힐 필요가 없는 압도적인 권위, 만나는 사람마다 대단하다고 우러러봐줄 만한 명예 같은 것들을 통해 행복해지기는 어렵다. 그럼에도 매스컴과 SNS는 그런 형태의 삶을 살아가는 극소수의 사람들과 그들의 삶이 마치 보편적으로 추구해야 할 가치인 양 이야기한다. 행복이란 그런 것들을 이룬 극소수의 사람만 향유할 수 있는 사치로 이해되면서 대다수의 평범한 우리는 늘 결핍을 느끼며 살아가게 된다.

나는 좀 더 보편적이고 사소하며 지속가능한, 그러나 무엇보다도 따뜻한 형태의 행복과 위로를 제안한다. 모두가 부러워할 만한 여유가 있어야만 가능하진 않지만, 스스로의 삶을 아끼며 들여다볼 약간의 관심은 필요한 소박한 행복, 그렇지만 이를 추구하기 위해 생업을 내려놓거나 애써 긴장을 풀필요까지는 없는 쉬운 행복, 잠깐의 관심과 수고로도 얼마든지 더 큰 의미로 돌아오는 간단한 행복이다.

어차피 전할 단팥빵이라면 아이가 전해드리도록 센스를 발휘하는 것, 일 년에 한 번 돌아오는 크리스마스에 아이들을 위한 풍선 트리를 주문하는 것, 간장계란밥 하나에도 여행지의 풍경을 떠올릴 수 있는 간장을 넣고 아무거나 써도 무방한 후추를 굳이 그라인더로 가는 운치와 향을 기억하는 것. 그 정도가 나에게는 딱 맞다. 누구에게나 추천할 수 있고, 누구와 나누어도 부담 없는 기쁨이다.

바람이 있다면 아이들도 그러한 행복을 알게 되면 좋겠고, 그런 작은 것의 힘과 의미를 기억하고 나눌 수 있는 어른으로 자라면 좋겠다. 나아가 망상적인 수준의 이상이지만, 이러한 소중함을 기억하는 사람들이 늘어나 나와 아이들이 살아갈 세상이 좀 더 따스함으로 가득해지면 좋겠다.

＊

'악마는 디테일에 있다'는 상투어는 업무나 관계에서 디테일을 놓치면 사소한 일로도 큰 재앙이 유발될 것만 같은 압박과 두려움을 담고 있다. 그런데 그 근원이 '선한 신은 디테일에 있다'라는 서양 속담이라는 것을 아시는지. 그냥 지나쳐도 아무 문제 없는 것, 바쁜 삶에 쫓기다 보면 잊기 쉬운 작은 소중함과 재미, 사랑하는 이를 생각하는 사소한 노력이 크고 깊은 감동으로 돌아올 수 있다는 진리를 담고 있는 이야기다. 애초에 악마뿐 아니라, 행복을 선사하는 천사도 디테일 속에 있었던 것이다.

야간 진료 날, 면담을 하는 정신과 특성상 조금이라도 환자가 밀리면 한 시간 오버타임은 다반사다. 열시가 다 되어 귀가하는 날도 흔하다. 기다리는 환자와 지친 직원들에게 미안한 마음에 원장은 늘 애가 닳는다. 정신없이 진료를 마치고 나면 온몸에 남은 기력이 하나도 없는 느낌이 들기도 한다.

퇴근 시간이 늦어 전혀 생각지 않았는데, 날씨가 춥다는 이유로 아내가 나를 데리러 왔다. 집까지는 10분쯤 걸어야 하는데, 아내가 두 아이의 옷을 챙겨 입히는 수고를 마다하지 않고 운전해서 와준 덕분에 퇴근길이 편해졌다. 두툼한 패딩 점퍼에 곰돌이 모자를 쓴 큰아들을 안으니 온열 기능이 있는 솜이불에 몸을 묻은 듯 포근함이 밀려온다. "사랑해, 훈이도 아빠 사랑해?"라고 묻는 말에, 딴에는 제법 컸다고 쑥쓰러워하면서도 "사랑ㅎ~"라고 말을 흘리는 아들의 콧망울이 새삼스레 너무도 귀엽게 둥글다.

새벽녘에는 태어날 때부터 늘 내가 재웠던 딸이 잠에서 깨자마자 아빠의 손을 찾는다. 그 감촉과 정수리며 발의 내음을 맡으며 오늘도 기꺼이 출근할 힘을 얻는다. 이렇게 오늘도 나는 1년이고 10년이고 꾸준히 삶의 무게를 견디게 하는 천사를 만난다.

문득 몇 년간 바꿔온 카카오톡 프로필 사진들을 본다. 누가 들어도 대단하다 할 만한 성취 같은 건 없다. 다만 장면만 봐도 그 계절과 시간, 온도와 목소리, 전날 있었던 일까지 고스란히 떠오르게 하는 아이들의 웃는 모습이 있다. 그 찰나만큼은 살아 있어서, 그러한 순간들을 만날 수 있어서 다행이라고 생각되는 시간이었다.

나는 삶을 그러한 기억들을 쌓아가는 과정이라 생각한다. 그 순간들 자체가 삶의 본질이고, 삶의 고단함 역시 그러한 순간들을 만나러 가는 과정이다. 앞으로도 지금은 상상할 수 없는, 또 다른 그러한 시간을 마주할 수 있다면 나는 얼마든지 오늘만큼 어른으로서의 고민과 노력을 이어갈 것이다. 죽기 전에 삶을 돌아본다면 아마도 그런 사소한 순간들이 떠오르지 않을까. 삶에 그러한 장면들이 있어서 다행이었다고, 이들을 만나고 사랑할 수 있어서 이번 생은 나쁘지 않았다고 생각할 것 같다.

그동안 당신에게는 어떤 순간이, 그래도 살아 있어 좋다는 느낌을 선사했는가. 조금은 관심을 기울여야 만날 수 있는 순간들, 그 속에 당신이 추구하는 삶의 의미와, 고된 삶을 이어갈 힘이 있었을 것이다. 앞으로도 당신만의 '디테일의 천사'가 자주 깃드는 일상이 되기를 기도한다.

뒤엉킨 불행과 행복을
기꺼이 마주하기

한 손으로는 첫째 아이, 다른 손으로는 둘째 아이의 손을 잡고 있노라면 이대로 시간이 멈춰도 좋겠다는 생각이 들곤 한다. 내게 이러한 순간을 선사해준 이 아이들을 위해서라면 어떠한 수모와 고난도 이겨낼 수 있을 것 같은 느낌이다. 누가 시키거나 가르쳐주어서 형성된 느낌이 아니다. 어떠한 다른 목표를 이루기 위한 수단으로 정한 것도 아니며, 태어날 때부터 정해진 숙명도 아니다. 모든 과거의 경험과 그로부터 형성된 가치관, 이 순간의 맥락이 모여 지금 여기에서 피어난 것이다.

살면서 따르고 싶은 가장 상위의 고유한 지향점이 가치다. 궁극적으로 추구하고 싶은 것, 바라는 것의 가장 상위에 있는 가치는 다른 무엇을 위한 수단이 아닌 그 자체로 소중한 것이다. 이는 부여되거나 고정된 것이 아니며, 변화하는 삶의 양상에 따라 자연스럽게 형성되고 또 변화한다.

그러나 힘들수록 우리는 가치로부터 멀어진다. 경제적 어려움, 관계의 갈등, 실직, 건강 악화 같은 당면한 현실적인 위협 앞에서 상위 가치를 떠올리기는 쉽지 않다. 그보다는 당장의 위협에서 벗어날 수 있는 물질적이고 현실적인 것들에 매몰되기 쉽다. 빈곤에 대한 두려움에서 벗어나기 위한 비현실적인 부의 추구, 뒤처질까 봐 불안한 마음을 회피하려는 일중독, 당장의 불면이나 우울과 불안을 망각하기 위한 과음 등이 대표적이다.

만약 당신이 공허하다면, 궁극적으로 지향할 가치가 모호한 상태에서 '다른 가치로 교환될 수 있는 중간 목표', 예컨대 돈, 명예, 권위 같은 누구에게나 통할 만한 목표를 따르는 데 매몰되어 한정된 하루의 시간과 신체적·심적 여력을 모두 소모하고 있어서일지도 모른다. 그러한 목표는 쉽게 달성되지도 않을뿐더러, 애초에 추구하는 이유가 모호했으므로 막상 어떠한 목표의 문턱을 넘는다 해도 만성적인 공허함에 시달리는 경우가 많다. 똑같이 돈을 벌기 위해 매진하더라도 '누구보다 사랑하는 아이들의 생활의 토대를 위해서' 노력하는 것과, '무엇을 원하는지는 모르겠지만 일단 돈을 모아야 안심이 될 것 같아서' 노력하는 과정의 느낌은 다르다.

그렇다면 가치를 추구한다는 것은 어떤 의미일까. 예컨대 '좋은 아빠가 되고 싶다'라는 가치를 떠올렸을 때 '좋은 아빠'라는 개념은 언제, 어떻게 달성될 수 있을까. 일주일에 세 번 이상 아이와 놀아주면? 교훈을 전해줄 수 있다면? 자산을 물려준다면? 만약 그렇다면 일주일에 두 번 놀아주는 부모는 좋은 부모가 되지 못할까? 재산을 얼마 물려주면 좋은 부모고, 그 금액에 미치지 못하면 좋은 부모가 아닌 걸까?

목표와 달리 가치는 달성되는 것이 아니다. 단지 그 가치를 추구하는 마음에 따라 때로는 아이를 진심으로 대하는 방법을 고민할 수도 있고, 존경할 만한 부모가 되기 위해 노력할 수도 있다. 생활을 안정시킬 돈을 벌기 위해 노력할 수도 있고, 어떻게 추억을 만들어줄지를 고민할 수도 있다. 어느 순간 종료되는 것이 아니고, 이만하면 되었다는 종착지란 존재하지 않는다. 반대로 어떠한 사소한 순간과 노력도 그 가치를 향할 수 있다.

이렇듯 가치는 달성할 목적지가 아니라 일종의 방향이다. 덧없고 무의미한 삶에서 세상이 허락한 유일한 자유인 '의미 있는 것을 스스로 정할 자유'에 따라 내가 추구하고 싶은 길이다. 이제 이 가치가 충분히 달성되었다, 더 이상 추구하지 않아도 된다고 생각하는 시기는 영원히 찾아오지 않을 것이다. 단지 우리는 이를 향해 꾸준히 나아가, 도달되지 않는 그 지점과 끊임없이 가까워질 것이다.

도달하지 않아도 그에 가까워지는 하루를 오늘 보낼 수 있었다면 그것만으로 충분히 괜찮다. 그렇게 오늘도 소중한 무언가에 다가가고 있다는 자각으로 살아갈 수 있다면, 그러한 나날이 이어지는 삶은 충만하고 활력이 넘칠 것이다.

1. 당신을 괴롭게 하는 것, 이를테면 우울, 불안, 경제적 어려움, 가정사, 건강 문제, 대인관계 문제와 같은 힘든 요소가 모두 해결된다면 당신은 어떻게 살아가고 싶은지 그려보자.

2. 버겁고 두려운 일들을 지속하는 이유에서 오히려 소중한 가치를 찾아보자.

3. 많은 돈, 인기, 안정된 삶 같은 누구에게나 해당하는 막연하고 보편적인 형태의 행복 대신 '나만이 알 수 있는 소중한' 느낌이라 할 만한 인생의 고유한 형태를 구상해보자.

4. 가치를 추구하는 과정에서 느낄 수 있는 피로, 불안, 우울, 두려움을 기꺼이 인정하고 감수해보자.

5. 어떤 문구로 당신의 삶이 기록되기를 바라는지, 무덤의 묘비명을 지금 스스로 써보고, 그 속에서 삶의 가치를 찾아보자.

나가며

완벽하지 않은 우리의
완벽한 날들을 위하여

정신건강의학과 전문의가 되고도 한참이 지나서야 만난 수용전념의 정신은 그간 경험한 어떠한 삶의 요소보다도 나의 마음과 삶을 '좋게' 만들었다. '좋다'는 기준은 걱정이 줄어 편해졌다거나, 즐거운 기분이 늘어났다거나, 슬픔과 두려움이 사라졌다는 뜻이 아니다. 어떠한 관점보다도 내 삶을 '내가 원하는 방향으로' 이끌어가는 '실효적인' 변화를 일으켰다는 의미다.

수용전념은 마음이 편해지는 '또 다른 방법'이 아니라, 삶의 근간이 되는 가치 및 철학이다. 수용전념과 함께하며 나는 그토록 피하고 싶었던 심적인 고통을 다시 정의했다. 우울과 피로, 불안, 좌절과 절망 그 자체의 고통보다 이에 내포된 '의미와 기능'을 다시 생각하게 되었다.

소중한 것이 없다면 그것을 놓칠까 봐 두려울 이유도 없다

따뜻하고 깊은 관계를 원하지 않는다면, 관계가 틀어질까 봐 두려워할 이유도 없다. 의미 있는 무언가를 추구하고자 하는 열망이 존재하지 않는다면, 무의미와 허무로 인해 몸서리칠 이유도 없다. 당신과 나의 아픔은 그만큼 우리가 소중한 가치와 접촉하고 또 그것을 열망하며 살아가고 있다는 의미다.

이제 나는 불안을 이유로 의미 있는 시도를 피하거나 허무에 시달리며 일상과 생의 가치를 폄하하는 대신, 오늘도 소중한 사람을 떠올리고 시도할 만한 가장 작은 걸음을 떠올린다. 잘되고 못되고를 평가하는 대신, 그저 내게 허락된 한 걸음을 내딛는다. 그런 하루를, 허락된 한에서 이어나간다. 그리하여 나는 더 이상 '힘들지 않기 위해' 투쟁하며 살지 않는다. 꾸준히 하루하루를 '그저 이어간다'. 잊을 수 없는 소중한 시간, 나만이 알 수 있는 의미 있는 가치를 쌓아간다는 자각과 함께. 그 과정에서 살아가며 피할 수 없는 아픔의 순간, 늘 수반되는 일상의 고됨 역시 자연스러운 삶의 일부로 느낄 뿐이다. 그뿐이다.

그렇게 나의 하루를, 한 번뿐인 하루라면 살아보고 싶은 하루와 가깝도록 가꾸어나간다. 혐오와 회피를 내려두고 좋은 것과 싫은 것의 존재를 인정하며 기꺼이 함께 뒹군다. 만성적인 공허와 냉소가 가득하던 마음이 단 한 번뿐인 오늘 하루의 의미와 가치로 차오른다. 겉으로 보는 나는 차이가 없을지도 모른다. 그러나 나는 마치 다른 삶을 부여받은 것처럼 살아가고 있다.

종종 되새겨보는 치유의 진정한 의미

우울, 불안, 불면, 공황, 스트레스, 충동⋯ 그러한 것들을 완전히 소멸시켜야 편해질 수 있다, 행복할 수 있다고 믿는 환자일수록 '그것들이 사라지지 않을까 봐' 혹은 '겨우 좋아진 그것들이 다시 시작될까 봐' 두려움을 가득 안고 산다. 하루가 조금 나아지거나, 나아지다가 다시 힘들어지는 식으로 이어진다.

그럴 때마다 나는 치유를 '내가 원하는 일상을 살아갈 수 있는 상태가 되는 것'으로 새로이 정의한다. 물론 그 과정에서 힘든 마음이 적거나 없다면 좋겠다. 그러나 삶이 그리 녹록하지만은 않다. 마음대로만 되는 삶, 걱정 없는 삶, 모든 것을 예상하고 통제할 수 있는 삶은 존재하지 않는다.

나가며   283

당신의 고통은 당신에게 문제가 있다거나, 삶이 잘못되어 간다는 증거가 아니다. 완벽할 수 없는 삶의 한계로 인해 당연히 수반되는 불편함이다. 어찌할 수 없는 지점이 존재함에도 당신이 스스로의 소중한 가치를 꾸준히 추구하고 있다는 증거이기도 하다.

결국 생은 슬픔과 기쁨이 스펙트럼으로 펼쳐져 있다

그럼에도 우리 삶의 행복을 정하는 건 당연히 시선이었다. 그리고 내게 허락된 것도 그 시선이었다. 어느 순간에도 우리가 할 수 있는 것은 삶의 어느 측면으로 시선을 기울일지, 그리고 지금, 바로 이 순간에 어떠한 말과 행동을 이어갈지다.

아이러니하게도 '좋아지려 하는 대신 그저 살아가기를 택한' 환자들이 누구보다도 '좋아지기도' 한다. 그 과정에서 그들은 더 이상 불편하다는 사실에 연연하지 않는다. 두려움과 절망을 되새기는 대신 눈앞의 하루를 의미로 충만하게 보낸다. 겉으로 보면 '마음이 편해진 것'처럼도 보인다. 그러나 그들은 수용전념이라는 '방법론'을 활용하여 편해진다는 '목표'를 달성한 것이 아니다. 하루의 의미와 삶의 가치를 자각하며, 아픔과 불안도 기꺼이 포용하며 그저 살아가다 보니, 어느새 편안해져 있을 뿐이다.

수용전념을 접하며 나 역시 자녀들을 먹여 살리기 위해 일상을 견디고, 가족의 미래를 위해 하루를 견디고, 은퇴하기 위해 젊음을 견디고, 죽음을 준비하기 위해 노년을 견디는, 다음 단계의 고통으로 나아가기 위해 지금 단계의 고통을 견디는 삶의 굴레에서 빠져나왔다.

지금의 나는 소중한 순간들을 미루지 않는다. '일을 덜 하고 놀기로 한다' '즐긴다'는 의미가 아니다. 그보다는 같은 일상에서도 느끼지 못하던 것들을 비로소 느끼며 살아간다는 뜻에 가깝다.

잠에서 덜 깬 눈으로 아이가 나를 바라보며 배시시 웃는 이 순간의 벅참을 지켜주는 토대가 된다면 나는 수십 년의 근무를 기꺼이 감수할 것이다. 크고 작은 강연 이후 누군가의 삶이 바뀌었다는 메시지가 전해지면 나는 오늘도 강연 자료를 위해 새벽잠을 포기하는 피로를 기꺼이 받아들일 수 있다.

힘든 일을 견디다 보면 겨우 좋은 일이 오리라 기대하는 것이 아니다. 그런 기쁨이 있기 때문에 견딜 수 있다는 의미도 아니다. 그 모든 과정이 애초에 구분될 수 없는 하나의 삶의 과정임을 이해할 뿐이다. 내게 의미 있는 것들을 쌓아가는 그 순간, 피로와 고됨 자체가 보람과 활력으로 돌아오는 마법이다. 졸음이 의미를 추구하는 기쁨이 되고, 귀찮음이 사랑이 되는 마법이다.

그러한 의미를 추구하는 과정에 당연히 막막하고 답답한 일들이 수반된다. 이를테면 억대의 대출이 갑자기 연장이 불가하다는 고지를 받거나, 불과 수개월 전 건강검진에서 어떠한 이상도 없었던 가족의 암 진단 소식을 마주하거나, 수년을 준비해온 프로젝트가 결국 무산되었다는 통보를 받는다. 너무도 피하고 싶지만 100년의 삶 속에서 얼마든지 만날 수 있는 일들이 지치지도 않고 우리의 삶을 찾아온다.

그래, 그럴 수 있다. 받아들인다는 뜻이 아니다. 받아들이든 그렇지 않든, 삶은 그렇게 되어 있음을 인정하는 것이다. 불행으로부터의 도피가 아니라, 고통을 기꺼이 감수하며 오늘 하루의 의미와 가치, 활력을 온전히 느끼는 과정이 삶이다.

당신이 어떤 사람이든, 어떠한 고통스러운 상황에 놓여 있든, 미래가 얼마나 막막하고 두렵든 이 책을 읽은 후 지금 여기에서 가장 좋아하는 노래를 한 곡 듣고 싶다는 마음이 든다면, 당신의 소식을 기다릴 누군가에게 가벼운 안부를 물을 수 있다면, 오늘 저녁 메뉴와 내일 시도할 수 있는 가장 작은 한 걸음을 진지하게 떠올리기 시작했다면 나의 바람은 달성된 것이다.

부족한 글솜씨와 미흡한 전달력에 대한 부끄러움을 감수하는 것 역시 용기가 필요하다. '내게 너무도 의미 있는 메시지가 당신에게도 의미가 된다면' 내게 소중한 가치를 추구하는 것이기도 하기에, 부끄러움을 기꺼이 감수할 용기를 낸다. 이 메시지들이 '실효적이고 기능적으로', 당신의 일상과 삶에 '당신이 바라는 방향의' 변화를, '관념이 아닌 실제로' 선사하기를 기대해본다.

과거의 나처럼 당신이 줄곧 '삶을 벗어나고 싶었다면', 이 책은 당신에게 선사하는 진솔한 이야기이자, 과거와 지금 그리고 미래의 내게 전하는 위로요 다짐이다. 이 책 한 권을 읽는 동안, 어떠한 것과도 바꿀 수 없이 귀한 당신의 삶의 시간을 함께할 수 있어 영광이다. 진심으로 감사드린다.

끝으로, 어느 무엇보다 나의 가치요 의미인 아내, 그리고 아이들에게 감사를 보낸다.

가레스 홀먼, 조녀선 칸터, 메이비스 차이, 로버트 콜렌버그, 스티븐 C. 헤이즈, 《치료관계의 혁신, 기능분석정신치료―행동과학이 알려주는 인식-용기-사랑의 법칙》, 나의현, 곽욱환, 노양덕, 서혁수, 이강욱, 전봉희, 전유진, 정진, 조철래 옮김(삶과 지식, 2019)

루이스 L. 헤이즈, 조셉 V. 치아로키, 스티븐 C. 헤이즈, 《청소년을 위한 수용전념치료― 수용전념치료와 긍정심리학 기술로 감정을 다루고, 목표를 달성하며, 서로 연결되기》, 나의현, 이철순, 곽욱환, 노양덕, 최영훈, 맥락행동과학연구회 옮김(삶과지식, 2023)

루이스 맥휴, 이안 스튜어트, 프리실라 알마다, 《심리치료에서 자기를 다루는 법》, 나의현, 곽욱환, 김문성, 이두형, 조철래, 맥락행동과학 연구회 옮김(삶과 지식, 2021)

빅터 프랭클, 《죽음의 수용소에서― 죽음조차 희망으로 승화시킨 인간 존엄성의 승리》, 이시형 옮김(청아출판, 2005)

스티븐 헤이즈, 《자유로운 마음―삶의 가치를 향해 피벗하는 길》, 문현미, 민혜원 옮김(학지사, 2021)

아닐 세스 저, 《내가 된다는 것》, 장혜인 옮김(흐름출판, 2022)

조나스 람네로, 니클라스 퇴네케, 《인간행동의 ABC― 3동향 인지행동치료 사용설명서》, 곽욱환, 박준성, 조철래 옮김(삶과 지식, 2016)

조앤 달, 제니퍼 플럼, 이안 스튜어트, 토비아스 룬드그렌,《수용전념치
료의 확장, 가치의 예술과 과학》, 이강욱, 곽욱환, 김도훈, 김선욱,
김혜경, 나의현, 노양덕, 방현숙, 이태주, 전유진, 정진, 조철래 옮
김(삶과 지식, 2022)

케빈 포크, 벤자민 쇤돌프, 마크 웹스터, 파비안 오 올란즈,《수용전념
치료의 혁신, 매트릭스 ─ 가장 쉽게 ACT 적용하기》, 곽욱환, 조철
래, 이강욱, 김도훈, 김상엽, 전봉희, 정진 옮김(삶과 지식, 2018)

Patricia E. Zurita Ona, *Acceptance and Commitment Therapy for Borderline Personality Disorder; A Flexible Treatment Plan for Clients with Emotion Dysregulation* (Context Press, 2020)

Siri Ming, Evelyn Gould, Julia H. Fiebig, *Understanding and Applying Relational Frame Theory; Mastering the Foundations of Complex Language in Our Work and Lives as Behavior* (Context Press, 2023)

Steven C. Hayes, Kirk D. Strosahl, Kelly G. Wilson, *Acceptance and Commitment Therapy: The Process and Practice of Mindful Change* (The Guilford Press, 2016)

불완전한
삶에 관한,
조금은____

다른 이야기

초판 1쇄 발행 2024년 10월 28일
초판 2쇄 발행 2024년 11월 29일

지은이 • 이두형

펴낸이 • 박선경
기획/편집 • 이유나, 지혜빈, 김슬기
홍보/마케팅 • 박언경, 황예린, 서민서
제작 • 디자인원(031-941-0991)

펴낸곳 • 도서출판 갈매나무
출판등록 • 2006년 7월 27일 제395-2006-000092호
주소 • 경기도 고양시 일산동구 호수로 358-39 (백석동, 동문타워 I) 808호
전화 • (031)967-5596
팩스 • (031)967-5597
블로그 • blog.naver.com/kevinmanse
이메일 • kevinmanse@naver.com
페이스북 • www.facebook.com/galmaenamu
인스타그램 • www.instagram.com/galmaenamu.pub

ISBN 979-11-91842-74-6/03180
값 19,000원